北大版留学生本科汉语教材·语言技能系列

汉语
初级强化教程
听说课本 III

Intensive Elementary Chinese Course

Listening and Speaking III

主编：肖奚强　朱　敏

编著（以姓氏拼音排列）：

段轶娜　范　伟
梁社会　沈灿淑
魏庭新　张　勤
朱　敏

翻译：沈　冲

北京大学出版社
PEKING UNIVERSITY PRESS

图书在版编目(CIP)数据

汉语初级强化教程. 听说课本Ⅲ/肖奚强，朱敏主编. —北京：北京大学出版社，2009.2
（北大版留学生本科汉语教材·语言技能系列）

ISBN 978-7-301-14914-0

Ⅰ. 汉… Ⅱ. ①肖…②朱… Ⅲ. 汉语—听说教学—对外汉语教学—教材 Ⅳ. H195.4

中国版本图书馆CIP数据核字（2009）第007353号

书　　　　名：	汉语初级强化教程·听说课本Ⅲ
著作责任者：	肖奚强　朱　敏　主编
责 任 编 辑：	李　凌
标 准 书 号：	ISBN 978-7-301-14914-0/H·2197
出 版 发 行：	北京大学出版社
地　　　　址：	北京市海淀区成府路205号　100871
网　　　　址：	http://www.pup.cn
电 子 信 箱：	zpup@pup.pku.edu.cn
电　　　　话：	邮购部 62752015　　发行部 62750672　　编辑部 62754144
	出版部 62754962
印 刷 者：	北京虎彩文化传播有限公司
经 销 者：	新华书店
	787毫米×1092毫米　16开本　13印张　208千字
	2009年2月第1版　　2024年9月第7次印刷
定　　　　价：	52.00元（含MP3盘1张）

未经许可，不得以任何方式复制或抄袭本书之部分或全部内容。
版权所有，侵权必究
举报电话：010-62752024　　电子信箱：fd@pup.pku.edu.cn

前言

对外汉语初级教材经过多年的建设，已经取得了相当的成绩，比如：教材的数量以较快的速度增长，教材的种类不断丰富，教材编写的理论研究和经验总结也不断深入和加强，等等。但是，已有的初级汉语系列教材在教学内容、教学重点，结构、功能和文化的相互配合，课程之间的相互配套等方面还有许多需要改进的方面。因此，我们从教学实践出发，编写了这套《汉语初级强化教程》系列教材，希望能够为初级汉语教材建设添砖加瓦。

编写本套教材的基本原则为三个结合：综合与听说相结合、结构与功能相结合、语言与文化相结合。

（一）综合汉语教材与听说教材的课文，在内容和形式上密切配合，相互容让，注重词汇和语法点的互现和循环。全套教材由一套人马统一编写，避免两种教材众人分头编写，相互不配套，难以施教的现象。

（二）针对目前初级汉语教学中听力和说话分别开课，两门课的教材、教学内容不配套现象严重（或互不相干或重复重叠）的现状，我们将听和说整合为一本教材、一门课，改变目前听说分课，教材不配套，教学相互牵扯的现状。

（三）注重结构、功能和文化的结合，以结构为主线，辅以交际功能，穿插文化背景介绍；加强教材的知识性、实用性和趣味性。

（四）教材中的所有词汇、语法点均与汉语水平考试大纲、对外汉语教学大纲相对照，确保词汇、语法学习的循序渐进，尽可能避免生词、语法的超纲。当然，对于学生学习和交际急需而现行大纲缺少或等级较高的词语，我们也本着实用的原则，适当加入。

（五）本套系列教材的所有编写人员均参与教材的试用，直接吸收教学中的反馈，并在四个平行班试用两年的基础之上进行了修改完善。

本套系列教材按《汉语初级强化教程·综合课本》、《汉语初级强化教程·听说课本》分课编写，主要供汉语言专业本科生、进修生和汉语预科生

一学年使用（建议综合汉语课与听说课之比为5∶4）。为了便于不同起点的班级选用，我们将上下学期使用的《汉语初级强化教程·综合课本》和《汉语初级强化教程·听说课本》各分为两册，即综合课本和听说课本各为1—4册。

本教程由主编提出整体构想和编写原则与大纲，编写组讨论完善后分头编写。具体分工如下：

朱敏编写综合课本、听说课本的1—5课，41—45课，综合课本第6课。

沈灿淑编写综合课本7—12课，听说课本6—8课、10—12课，综合课本、听说课本的46—50课。

范伟编写综合课本、听说课本的13—16课、51—55课，综合课本第25课，听说课本第9、19、25课。

段轶娜编写综合课本、听说课本的17、18、20—22课、56—60课，综合课本第19课。

魏庭新编写综合课本、听说课本的23、24、26—28课、30、61—65课。

张勤编写综合课本、听说课本的29、31—35课，66—70课。

梁社会与张勤合编综合课本、听说课本第36课，与沈灿淑合编第37课，与范伟合编第38、39课，与魏庭新合编第40课。

全书由主编修改定稿。

本套系列教材从策划、编写、试用到出版历时两年有余。从2005年9月至2007年6月在南京师范大学国际文化教育学院理工农医经贸专业汉语预科生的四个平行班试用了两学年，教学效果良好，从形式到内容都受到留学生的欢迎和好评。作为听说合一、综合课与听说课密切配合编写教材的一种尝试，不足之处在所难免，希望得到专家学者和使用本教材教师的批评指正。

编　者

略语表 Abbreviation

形容词	adj.
副词	adv.
助动词	aux.
黏着形式	b. f.
连词	conj.
感叹词	intj.
名量词	m.(n.)
动量词	m.(v.)
名词	n.
数词	num.
象声词	on.
助词	part.
代词	pr.
前缀	pref.
介词	prep.
后缀	suf.
动词	v.
动宾离合词（如"开玩笑"）	v. o.
动补词	v.(c.)
动名兼类词（如"争议"）	v., n.

目录
CONTENTS

1	第四十一课	我要挂失
10	第四十二课	我想租一套房子
18	第四十三课	怎么点中国菜？
27	第四十四课	大家都爱打乒乓球
35	第四十五课	复习（九）
42	第四十六课	业余时间你做什么？
51	第四十七课	回老家过春节
59	第四十八课	中国的父母和孩子
67	第四十九课	城市交通越来越堵了
75	第 五 十课	复习（十）
83	第五十一课	你给我介绍个中国女朋友吧
91	第五十二课	70年代出生的人
99	第五十三课	看电影，学文化
107	第五十四课	该吃的吃，该喝的喝
115	第五十五课	复习（十一）

123　听力录音文本与参考答案
194　词语总表

第四十一课　我要挂失

生词

听力部分

1. 啦	part.	la	fusion of the sounds 了(le) and 啊(a)	甲
2. 八成	adv.	bāchéng	most probably, most likely	
3. 丢三落四		diūsān làsì	forgetful	
4. 怎样	pr.	zěnyàng	how	甲
5. 观众	n.	guānzhòng	spectators, audience	乙
6. 主持	v.	zhǔchí	take charge of, manage, direct; uphold, stand for	丙
主持人	n.	zhǔchírén	host, emcee, anchorperson	
7. 失望	v.	shīwàng	lose hope, despair, let down	乙
8. 读者	n.	dúzhě	reader	乙
9. 导演	n., v.	dǎoyǎn	director; direct a play	丙
10. 胃	n.	wèi	stomach	乙
11. 稀饭	n.	xīfàn	porridge, rice or millet gruel	
12. 头	m.(n.)	tóu	*a meesure word used for domestic animals, garlic, etc.*	甲
13. 大象	n.	dàxiàng	elephant	乙

14. 观察	v.	guānchá	observe carefully, watch, survey	乙
15. 耳朵	n.	ěrduo	ear	乙
16. 用处	n.	yòngchu	use, application, purpose, usefulness	
17. 案件	n.	ànjiàn	case	

会话部分

1. 热线	n.	rèxiàn	hotline	
2. 身份	n.	shēnfèn	capacity, identification; identity position; status	丙
身份证		shēnfènzhèng	identification	
3. 开户		kāi hù	open an account	
4. 信用卡		xìnyòngkǎ	credit card	
5. 证明	v., n.	zhèngmíng	prove, certify, attest; proof, attestation	乙
6. 周到	adj.	zhōudào	thoughtful, considerate, well	乙

▶ 专名

| 伦敦 | Lúndūn | London |

第四十一课　我要挂失

本课新字

| 啦 | 众 | 胃 | 稀 | 耳 | 朵 |

听 力

一　听句子并选择正确答案

1. A. 他有点儿难过　　B. 他非常难过　　C. 他难过得死了

2. A. 问小明在看什么
   B. 问小明作业做完了没有
   C. 批评小明学习不专心

3. A. 没有人跟你一样想
   B. 没有人跟你想得不一样
   C. 有人可能跟你想得不一样

4. A. 认为报案没有用　　B. 问为什么报案　　C. 问报案说什么

5. A. 一定丢了　　B. 很可能丢了　　C. 不太可能丢了

6. A. 认真的人　　B. 热情的人　　C. 马虎的人

7. A. 他认为老师身体很糟糕
   B. 他觉得老师身体不太好
   C. 他听说老师身体不舒服

8. A. 着急　　B. 失望　　C. 吃惊

9. A. 今天是星期天　　B. 他最近心情很好　　C. 周末他不在宿舍

10. A. 广播节目主持人　　B. 电视节目主持人　　C. 报纸记者

听对话并选择正确答案

1. A. 家里 B. 饭店 C. 食堂
2. A. 觉得没什么 B. 感到很失望 C. 觉得很激动
3. A. 医生和护士 B. 医生和病人 C. 医生和家长
4. A. 张文把自行车丢了
   B. 蓝吉把张文的自行车丢了
   C. 张文把蓝吉的自行车丢了
5. A. 读者 B. 记者 C. 导演
6. A. 银行 B. 邮局 C. 派出所
7. A. 颜色 B. 价格 C. 样子
8. A. 女的昨天开了一晚上车
   B. 女的昨天在忙自己的事情
   C. 女的昨天晚上可能没睡觉
9. A. 200元 B. 208元 C. 260元
10. A. 只会打一点儿 B. 打得还可以 C. 打得很不错

听对话或短文并做练习

1. 听后选择正确答案

   (1) A. 不想吃饭 B. 不想去饭店吃饭 C. 不想去韩国饭店吃饭
   (2) A. 胃疼 B. 得了感冒 C. 在发高烧
   (3) A. 这次会议很重要
       B. 女的要参加明天的会
       C. 女的是公司的经理
   (4) A. 同学 B. 朋友 C. 夫妻

2. 听后选择正确答案

   (1) A. 瘦男人 B. 胖男人 C. 瘦男人和胖男人

(2) A. 不要谈大象　　B. 给他一些肉　　C. 认真地看大象

(3) A. 他喜欢大象
　　B. 他在看大象有什么毛病
　　C. 他从来没见过大象

(4) A. 没有耳朵　　B. 耳朵有问题　　C. 生病了

3. 听后选择正确答案
(1) A. 节目在每星期五
　　B. 节目里有五个警察
　　C. 节目一次放五分钟

(2) A. 汽车　　B. 案件　　C. 照片

(3) A. 要得到人们的帮助
　　B. 让电视观众觉得有意思
　　C. 找到丢东西的人

(4) A. 让丢东西的人来领　　B. 抓住小偷　　C. 给大家看照片

会 话

一 课文

（一）

丁荣：你好，小姐。我的中国银行长城卡丢了，我要挂失，不过我不知道我的卡号。

小姐：请给我看一下您的身份证件，我帮您查一下。

丁荣：我叫丁荣，是英国人。这是我的护照。

小姐：请等一下。……对不起，您这张卡开始不是在我们银行办理的，您得去开户行挂失。

丁荣：可是，这张卡是别人办的，我不知道开户行在哪里。

小姐：没关系，您可以打中国银行的服务热线95566查一下。

丁荣：好吧。

小姐：另外，您这张卡是信用卡，所以，去挂失的时候，要找一个中国人一起去，或者让你们学校给你开一个证明。

丁荣：明白了。您的服务真周到，非常感谢！

（二）

丁荣：您好，小姐，我在你们行办的长城信用卡丢了，我要挂失。

小姐：请给我您的身份证件。

丁荣：这是我的护照和我们学校给我开的证明。

小姐：好的。请把这张表填一下。您要办理新卡吗？

丁荣：当然。

小姐：信用卡挂失费四十元，办新卡十元。一共五十元钱。

第四十一课　我要挂失

丁荣：给你。卡上还有多少钱？

小姐：还有一千九百四十八元……您已经成功挂失，这是您的挂失单。

丁荣：谢谢。我什么时候可以来取新卡？

小姐：七个工作日以后，带着护照和挂失单就可以了。

注释

我的中国银行长城卡丢了

I have lost my Greatwall Card, Bank of China

每个银行都有不同的卡。如中国银行有长城电子借记卡、人民币卡、国际卡、中银信用卡等。不同的银行卡有不同的挂失方式。

Every bank has its own cards. For example, Bank of China issues Great Wall Debit Card, RMB Card, International Card and BOC Credit Card. There are different ways of loss report of different bank cards.

练习

（一）根据课文内容回答问题

1. 丁荣知道她的银行卡是在哪个银行办的吗？
2. 要是不知道开户银行，可以怎么办？
3. 丁荣挂失的时候要带什么？
4. 每种银行卡挂失时都要带学校证明吗？
5. 中国银行信用卡挂失要多少钱？
6. 挂失以后，银行给了丁荣什么？
7. 丁荣七天以后可以拿到她的新卡，对吗？

（二）用所给词语各说一组两句对话

1. 八成

7

2. 丢三落四

3. 开夜车

4. 有两下子

5. 看起来

6. 被……给

7. ……得要命

(三) 根据下面的要求，做口语练习

1. 给114打电话，询问一个银行的服务热线。

2. 打一个银行的服务热线，询问如果你在外地丢了银行卡，应该怎么办。

3. 请你谈谈去银行挂失银行卡应该怎么做。

(四) 读一读下面的古诗，注意语气和感情

Yì Jiāngnán
忆 江南

(Táng) Bái Jūyì
(唐) 白 居易

Jiāngnán hǎo,
江南 好，

Fēngjǐng jiù céng ān:
风景 旧 曾 谙：

Rì chū jiāng huā hóng shèng huǒ,
日出 江 花 红 胜 火，

Chūn lái jiāngshuǐ lǜ rú lán.
春 来 江水 绿 如 蓝。

Néng bú yì Jiāngnán?
能 不 忆 江南？

Memory of the south of the Yangtze River

(Tang) Bai Juyi

How good is the south of the Yangtze River!
How beautiful is the scenery I am familiar with!
The bank flowers under the rising sun look so wonderful,
And the spring river water is so clear and green,
That I can't help recalling the south of the Yangtze River.

第四十二课　我想租一套房子

生　词

听力部分

1. 样	b.f., m.(n.)	yàng	appearance, shape; sample, model, pattern; kind, type, class		乙
2. 句子	n.	jùzi	sentence		甲
3. 涨	v.	zhǎng	(of prices, etc.) rise, surge, go up		乙
4. 修理	v.	xiūlǐ	repair, mend		乙
5. 什么样	pr.	shénmeyàng	what kind, what sort		
6. 舍不得	v. (c.)	shěbude	be loathe to part with		丙
7. 书法	n.	shūfǎ	calligraphy, handwriting		丁
8. 无所谓	v.	wúsuǒwèi	indifferent		丙
9. 处	v.	chǔ	live with sb.; get along (with sb.)		乙
10. 唉	intj.	ài	sigh of sadness or regret		丙
11. 鸟	n.	niǎo	bird; penis, cock		乙
12. 分配	v., n.	fēnpèi	share, distribute, allocate, allot sth.; assign; distribution		乙

第四十二课 我想租一套房子

13. 后年	n.	hòunián	the year after next		乙
14. 葡萄	n.	pútao	grape, fruit of this plant		丙
15. 庆祝	v.	qìngzhù	celebrate, felicitate		乙
16. 瓶子	n.	píngzi	bottle		乙
17. 完全	adj., adv.	wánquán	complete, whole; fully, completely, entirely, absolutely		甲
18. 骗	v.	piàn	deceive, cheat		乙

会话部分

1. 室	n.	shì	room, house		乙
2. 厅	n.	tīng	hall, central room; public house; department		丙
3. 朝向	n.	cháoxiàng	orientation		
4. 远近	n.	yuǎnjìn	far and near, distance		
5. 距离	n., v.	jùlí	distance, be away from		乙
6. 公共	adj.	gōnggòng	public, common, communal		乙
7. 基本	adj., adv.	jīběn	basic, fundamental		甲
8. 明白	adj., v.	míngbai	sensible, clear; understand, see, know		丙

▶ 专名

上帝	Shàngdì	God

本课新字

11

听力

一 听句子并选择正确答案

1. A. 空调　　　　　　B. 电冰箱　　　　　　C. 电脑
2. A. 不熟悉　　　　　B. 比较熟悉　　　　　C. 很熟悉
3. A. 我同意这件事　　B. 你知道大家的意见　C. 你问问大家的看法
4. A. 又快又好　　　　B. 快，但是马虎　　　C. 慢，但是认真
5. A. 八百多块钱　　　B. 一千块钱左右　　　C. 两千块钱上下
6. A. 一千五百块钱左右
   B. 两千块钱左右
   C. 两千多块钱
7. A. 他现在住在那套房子里
   B. 他可能住到那套房子里去
   C. 他很快就要住到那套房子里去了
8. A. 一千块钱　　　　B. 一千二百块钱　　　C. 一千五百块钱。
9. A. 六点半　　　　　B. 七点左右　　　　　C. 七点半左右
10. A. 和南京差不多高　B. 和南京一样高　　　C. 比南京高

二 听对话并选择正确答案

1. A. 修理的工人　　　B. 房东　　　　　　　C. 租别人房子的人
2. A. 女的没听说过张文
   B. 女的跟张文说过话
   C. 女的不喜欢张文
3. A. 丈夫和妻子　　　B. 房东和租房子的人　C. 房东和中介公司的人

4. A. 环境　　　　　　B. 价格　　　　　　C. 交通
5. A. 很不好　　　　　B. 有好有坏　　　　C. 很好
6. A. 老王是他们的邻居
   B. 他们跟老王家关系一般
   C. 老王他们以后跟女儿一起住
7. A. 老张的书法非常漂亮
   B. 男的和老张关系很好
   C. 老张是女的的丈夫
8. A. 小张　　　　　　B. 小王　　　　　　C. 小张和小王
9. A. 是小两口儿　　　B. 女的不太喜欢　　C. 男的很担心
10. A. 很高兴　　　　 B. 非常气愤　　　　C. 有点儿难过

听对话或短文并做练习

1. 听后选择正确答案
   (1) A. 张　　　　　　　B. 江　　　　　　　C. 钱
   (2) A. 星期六上午　　　B. 星期六下午　　　C. 星期天
   (3) A. 钱老师　　　　　B. 王老师　　　　　C. 李老师
   (4) A. 100块　　　　　 B. 120块　　　　　 C. 200块

2. 听后选择正确答案
   (1) A. 四十多岁　　　　B. 五十多岁　　　　C. 七十岁上下
   (2) A. 一间宿舍　　　　B. 一个自己的房间　C. 一室一厅
   (3) A. 一个月　　　　　B. 一两年　　　　　C. 五六年
   (4) A. 两个　　　　　　B. 三个　　　　　　C. 五个

3. 听后判断正误
   (1) 女人的车坏得不严重。　　　　　　　　　　　　（　　）
   (2) 男人和女人是朋友。　　　　　　　　　　　　　（　　）

(3) 男人完全同意女人的话。　　　　（　）

(4) 女人为了庆祝带了一瓶酒。　　　（　）

(5) 男人被女人骗了。　　　　　　　（　）

会 话

课文

李明爱：你好！我姓李。我是钟山大学的学生，我想租一套房子。

王先生：欢迎光临，李小姐。您真是来对地方了，我们是个大公司，一定能找到您满意的房子。

李明爱：那太好了！我想租一个一室一厅的房子，租金希望在一千块钱上下。最重要的是周围环境要安静一些。

王先生：好的。对房子的朝向、远近等有没有什么要求？

李明爱：房间最好朝南。距离么，当然是离学校越近越好。

王先生：一样的房子，在学校附近租比在别的地方要多花几百块钱呢。一千块钱在学校附近可能租不到您想要的房子。

李明爱：远一点儿也可以，只要公共交通方便、骑自行车不超过半个小时就行了。

王先生：我知道了。另外还有什么要求吗？

李明爱：房子里要有基本的家具和电器，大概就是这些吧。对了，中介费是多少？

王先生：一个月房租。李小姐，您的要求我明白了，我会很快给您消息的。

注释

(一) 您真是来对地方了　It is the right place you are seeking for

"对"，在这里是"适合"的意思。这句话是说，对于达到听话人的目的来说，这个地方是最合适的。又如：

The word 对 means "right, proper". This sentence means that it is the right place to meet the requirement of the listener. For example:

(1) 你真是找对人了。

(2) 他真是问对人了。

(二) 我们是个大公司　Our company is a large company

现在有各种各样的房屋中介公司。如果要租房的话，应该尽量去一些信誉较好的大中介公司，并签订详细正式的租房合同，以免受骗。

Nowadays, there are various kinds of house agencies. If you want to rent a house, you'd better go to some large house agencies with good reputation and sign a formal contract so as not to be cheated.

(三) 距离么，当然是离学校越近越好

As to the distance, of course, the nearer to the school, the better

"么"用在句子开头的话题后面，使句中有很明显的停顿，让话题变得突出。如：

The word 么 is used after a topic at the beginning of a sentence to cause a clear pause of the sentence. It makes the topic outstanding.

(1) 这个问题么，我明天再回答你。

(2) 这件事情么，院里还要再讨论讨论。

练习

(一) 根据课文内容回答问题

1. 李明爱请什么人帮她找房子？
2. 李明爱想租多大的房子？
3. 她最注意房子的什么？
4. 一千五百块钱的房子她要吗？
5. 学校附近有没有李明爱想要的房子？
6. 李明爱希望房子里有电视机吗？
7. 要是李明爱的房租是一万二一年，那么，她可能付多少中介费？

(二) 用所给的词语或句式各说一句话

1. 朝
2. 上下
3. 条件
4. 舍不得
5. 无所谓
6. 什么样
7. ……就是啦
8. "把"＋宾＋动＋"一／了"＋动
9. A"比"B＋"早／晚／多／少"＋动＋数量补语

(三) 根据下面要求，进行口语练习

1. 说说李明爱的租房条件。
2. 去中介公司租房，说清楚你对房子大小、朝向、远近、租金、基本条件等方面的要求。
3. 你租过房子吗？要是租过，请说说你的经历。
4. 谈谈你们国家年轻人住房、租房的情况。

(四) 读一读下面的古诗，注意语气和感情

Xún yǐnzhě bú yù
寻 隐者 不 遇

(Táng) Jiǎ Dǎo
（唐） 贾 岛

Sōng xià wèn tóngzǐ,
松 下 问 童子，

Yán shī cǎi yào qù.
言 师 采 药 去。

Zhǐ zài cǐ shān zhōng,
只 在 此 山 中，

Yún shēn bù zhī chù.
云 深 不 知 处。

Visit the anchorite in vain

Under the pine tree, I asked the prentice
(whether his master was in),
I was told that his master went to pick up herbal medicine.
He was sure his master was in that mountain,
But not certain where he was because it is foggy.

第四十三课　怎么点中国菜？

生　词

听力部分

1. 吵闹	v., n.	chǎonào	kick up a row, quarrel; be noisy, noise	丁
2. 干部	n.	gànbù	functionary, cadre	甲
3. 来回	v., n., adv.	láihuí	make a round trip, back and forth	丙
4. 科学	n., adj.	kēxué	science, scientific	甲
5. 帅	adj.	shuài	handsome, graceful, smart	丁
6. 兄弟	n.	xiōngdi	younger brother	乙
7. 讨论	v., n.	tǎolùn	discuss, talk over, confer, discussion	甲
8. 白酒	n.	báijiǔ	white spirits, liquor	丁
9. 恋爱	v., n.	liànài	fall in love, love	乙
10. 拿手	adj.	náshǒu	adept, expert, good at	
11. 完整	adj.	wánzhěng	whole, full-scale, integral, intact	乙
12. 手绢	n.	shǒujuàn	handkerchief, hankie, hanky	乙
13. 口袋	n.	kǒudài	pocket	乙
14. 吵架	v.o.	chǎo jià	quarrel, falling-out, affray	丙

第四十三课　怎么点中国菜？

15. 题目	n.	tímù	title	乙
16. 挡	v.	dǎng	keep off, stop, block, shelter from	乙
17. 子孙	n.	zǐsūn	children and grandchildren, descendants	丁
18. 代	n.	dài	generation	乙
19. 神仙	n.	shénxiān	supernatural being celestial being, immortal	丁

▶ 专名

1. 愚公	Yúgōng	The name of a man in an ancient Chinese legend, which means an unintelligent man
2. 智叟	Zhìsǒu	The name of a man in an ancient Chinese legend, which means an intelligent man
3. 太行山	Tàiháng Shān	The name of a mountain in the north of China
4. 王屋山	Wángwū Shān	The name of a mountain in the north of China

会话部分

1. 荤（菜）	n.	hūn	meat and fish etc.	
2. 素（菜）	n.	sù	plain, vegetables	丁
3. 豆腐	n.	dòufu	tofu, bean curd	乙
4. 做法	n.	zuòfǎ	way of doing or making sth.; method of work	乙

19

5. 区别	v., n.	qūbié	distinguish, differentiate; distinction, difference, differentiation	乙
6. 咸	adj.	xián	salted, salty	丙
7. 主要	adj.	zhǔyào	main, chief, principal	甲

本课新字

帅 兄 恋 袋 绢 挡 神 仙 荤
素 豆 腐 咸

听 力

一 听句子并选择正确答案

1. A. 小王　　　　　　B. 小李　　　　　　C. 小钱
2. A. 都没听清楚　　　B. 没都听清楚　　　C. 有一句话没听清楚
3. A. 小张刚到那个学校工作
   B. 有些同事小张不认识
   C. 小张现在不孤独了
4. A. 我忘了他的名字了　B. 我知道他的职业　C. 我可能见过他
5. A. 好得很　　　　　B. 很不好　　　　　C. 没什么好的
6. A. 27号　　　　　　B. 30号　　　　　　C. 31号

7. A. 半个小时　　　　B. 一个小时　　　　C. 两个小时

8. A. 奇怪　　　　　　B. 怀疑　　　　　　C. 肯定

9. A. 跟别人开了一个玩笑
   B. 他说了一个有意思的故事
   C. 发生了可笑的错误

10. A. 小王好像很累
    B. 小王想睡觉
    C. 小王已经三天没睡觉了

听对话并选择正确答案

1. A. 饭馆儿　　　　　B. 食堂　　　　　　　C. 茶社
2. A. 春天　　　　　　B. 秋天　　　　　　　C. 冬天
3. A. 长得一般　　　　B. 是小文的男朋友　　C. 可能是小文的兄弟
4. A. 7号要开会　　　 B. 明天不是1号　　　 C. 明天有讨论会
5. A. 啤酒　　　　　　B. 白酒　　　　　　　C. 红酒
6. A. 是南方人　　　　B. 最近出差了　　　　C. 喜欢吃甜的东西
7. A. 烟和酒都不好　　B. 可以买便宜一点儿的酒　　C. 不用送
8. A. 样子　　　　　　B. 工作　　　　　　　C. 性格
9. A. 兴奋　　　　　　B. 惊奇　　　　　　　C. 激动

10. A. 去张老师家要换一次车
    B. 去张老师家要换两次车
    C. 中山体育馆在张老师家东边

听对话或短文并做练习

1. 听后选择正确答案

   (1) A. 很辣的菜　　　B. 很贵的菜　　　　C. 做得很好的菜
   (2) A. 太麻烦　　　　B. 太油　　　　　　C. 太贵

(3) A. 两个人　　　　B. 三个人　　　　C. 四个人

(4) A. 鱼汤　　　　　B. 炒鱼片　　　　C. 鱼香肉丝

2. 听后选择正确答案

(1) A. 手机　　　　　B. 手表　　　　　C. 手绢

(2) A. 聊天　　　　　B. 吵架　　　　　C. 讨论

(3) A. 衬衫　　　　　B. 毛衣　　　　　C. 外套

(4) A. 张三和李四　　B. 丢了的手绢　　C. 先生和小偷

3. 听后判断正误

(1) 两座山离愚公家很近。　　　　　　　　　　　　（　　）

(2) 智叟真的是一个很聪明的老人。　　　　　　　　（　　）

(3) 愚公相信自己一定能把山搬走。　　　　　　　　（　　）

(4) 神仙帮助了愚公一家。　　　　　　　　　　　　（　　）

(5) 这个故事告诉我们，做事情只要坚持就能成功。（　　）

会　话

一　课文

丁荣：王明，今天的菜真好吃。你点菜可真有两下子，你是怎么点的？教教我吧。

王明：点菜啊，看起来很难。其实有一些基本的方法，我说出来你就知道了。比如说，在中国，请客吃饭时，点菜一般包括五个部分。

丁荣：我觉得中国人习惯一边喝酒一边吃凉菜，凉菜是不是其中的一部分啊？

王明：真聪明！凉菜是第二部分。第一是酒水。包括酒、饮料、茶等等。

丁荣：我知道了。冷菜以后应该就是热菜了，对吧？西餐也是这样。

王明：对。不过，中餐的热菜要比西餐多得多。点菜的时候要注意：菜要有荤有素，味道要有咸有甜，做法上也要有区别。最后是主食、点心和汤什么的。

丁荣：听起来还是挺难的！那点多少个菜怎么决定呢？

王明：一般是看有多少个人吃饭。基本上保证一人一个菜，再另外加一个汤和一两样点心就可以了。

丁荣：太好啦！我终于知道怎么点中国菜了。下次我一定要试一试！

王明：丁荣，你真棒！刚来中国时，汉语你一句话不会说，汉字你一个字不认识，但现在你都可以听我用汉语说怎么点菜了，真了不起！

注释

（一）你点菜可真有两下子　You are really good at ordering dishes

夸别人有能力、有水平。如：

This expression is used to praise the capability and skill of doing something, For example:

（1）他的书法有两下子。

（2）李明爱打乒乓球很有两下子。

（二）菜要有荤有素

When you order dishes, order vegetable dishes as well as meat ones

荤菜，指鸡鸭鱼肉等食物，跟"素菜"相对。如：

Meat, opposite to vegetables, it refers to the food of chicken, duck, fish and meat. For example:

（1）她不吃荤。

（2）有的孩子喜欢吃荤菜，不喜欢吃素菜。

素菜，指用蔬菜、瓜果、豆类等做的不掺有肉类的菜。跟"荤菜"相对。

Vegetarian diet, refer to the vegetables, melons, fruits and beans, which are without any meat. It is opposite to meat.

（三）了不起　unusual

1. 很不一般。如：

   Quite extraordinary, for example:

   （1）他是一位了不起的科学家。

   （2）长江大桥的建成在当时是一件了不起的事儿。

2. 重大、严重。如：

   Great, serious, for example:

   （1）没什么了不起的困难。

   （2）这个问题没什么了不起的。

第四十三课　怎么点中国菜?

练习

(一) 根据课文内容回答问题

1. 今天丁荣和王明一起做什么了?
2. 王明点菜怎么样?
3. 凉菜是什么时候吃的?
4. 点热菜的时候,荤菜都点鱼好不好?
5. 怎么知道应该点多少个菜?
6. 中餐什么时候喝汤?
7. 丁荣现在的汉语怎么样?

(二) 用所给的词语或句式各说一句话

1. 没说的
2. 开玩笑
3. 拿手
4. 了不起
5. 闹笑话
6. 像……一样
7. 一……也/都+没/不
8. 把……+V+成/做+……

(三) 根据下面的要求,进行口语练习

1. 说说点中国菜一般分哪几步,应该注意什么。
2. 你在中国的饭店吃过饭吗?刚开始你怎么点菜?现在怎么点菜?
3. 说说在你们国家怎么点菜,点菜的时候应该注意什么。

(四) 读一读下面的古诗，注意语气和感情

Lùzhài
鹿柴

(Táng) Wáng Wéi
(唐) 王 维

Kōng shān bú jiàn rén, dàn wén rén yǔ xiǎng.
空 山 不 见 人， 但 闻 人 语 响。

Fǎn jǐng rù shēn lín, fù zhào qīngtāi shàng.
返 景 入 深 林， 复 照 青苔 上。

Luzhai

(Tang) Wang Wei

No one can be seen in clear and open mountains,
Only the voice of people can be heard.
The sunset shines among the deep froest,
Once again it shines on the lichen.

第四十四课　大家都爱打乒乓球

生　词

听力部分

1. 文学	n.	wénxué	literature	甲
2. 地理	n.	dìlǐ	geography, natural features of the world or a region	丙
3. 运动会	n.	yùndònghuì	sports meeting	乙
4. 负责	v., adj.	fùzé	be responsible, be in charge of	甲
5. 对话	n., v.	duìhuà	dialogue, conversation	乙
6. 那样	pr.	nàyàng	that kind of, like that, in that, so	甲
7. 吹牛	v.o.	chuī niú	boast, brag, talk big	丁
8. 教授	n.	jiàoshòu	professor	乙
9. 报告	v., n.	bàogào	report	乙
10. 呀	intj.	ya	used in place of 啊 when the preceding character ends in sound ā, e, i, o etc.	甲
11. 名不虚传		míng bù xū chuán	true to one's name, equal to one's reputation	
12. 作家	n.	zuòjiā	writer, author	乙
13. 摇晃	v.	yáohuàng	rock, sway, shake, falter	丙

14. 管理	v.	guǎnlǐ	manage, control; management	乙
15. 浪费	v.	làngfèi	waste, idle away, squander	乙
16. 控制	v.	kòngzhì	control, dominate, command	乙
17. 下降	v.	xiàjiàng	descend, go or come down, drop, fall, decline	丙
18. 早晨	n.	zǎochén	morning, early morning	甲
19. 气象	n.	qìxiàng	meteorological	乙
20. 到达	v.	dàodá	arrive, get to, reach	乙
21. 取得	v.	qǔdé	get, achieve, gain, obtain	甲
22. 小组	n.	xiǎozǔ	small group	丙
23. 队员	n.	duìyuán	team member	丙

▶ 专名

| 梁 | Liáng | a surname |

会话部分

1. 广场	n.	guǎngchǎng	public square, square	乙
2. 场地	n.	chǎngdì	field, spot, space, venue	丙
3. 太极拳	n.	tàijíquán	taijiquan, a kind of traditional Chinese shadow boxing	
4. 武术	n.	wǔshù	wushu, martial arts	乙
5. 活	v., adj.	huó	live, be alive; save; living	甲,丙
6. 长寿	adj.	chángshòu	long-life, longevity	丁

▶ 专名

1. 欧洲	Ōuzhōu	Europe
2. 保加利亚	Bǎojiālìyà	Bulgaria
3. 捷克斯洛伐克	Jiékèsīluòfákè	Czechoslovakia

本课新字

负 责 授 虚 晃 浪 制 晨 组
拳 武 寿

听 力

听句子并选择正确答案

1. A. 听话人把票买好了　　B. 听话人打算去买票　　C. 票还没买

2. A. 前面打得比北京队好
   B. 后面打得比北京队好
   C. 一直打得比北京队好

3. A. 出差时间太长了　　B. 东西太多了　　C. 这个包太小了

4. A. 学习有进步　　B. 成绩一直很好　　C. 喜欢学习

5. A. 喜欢那本小说的人很多
   B. 那本小说是用中文写的
   C. 那本小说已经被翻译成中文了

6. A. 高兴　　B. 吃惊　　C. 失望

7. A. 文学系队　　B. 教育系队　　C. 地理系队

29

8. A. 他肯定能得冠军
   B. 想知道他得没得冠军
   C. 得个冠军没什么了不起

9. A. 没想到波伟没买到票
   B. 问波伟有没有买到票
   C. 不知道波伟为什么没买到票

10. A. 跑步　　　　　B. 打篮球　　　　　C. 打乒乓球

听对话并选择正确答案

1. A. 昨天打得不太好　B. 昨天打得非常精彩　C. 平时打得非常好
2. A. 不相信　　　　　B. 批评　　　　　　　C. 表扬
3. A. 男的乒乓球打得很好
   B. 学校刚开始教乒乓球
   C. 很多学生喜欢打乒乓球
4. A. 六点五十　　　　B. 七点　　　　　　　C. 七点半
5. A. 波伟胜了第一局　B. 李明爱输了第三局　C. 最后一局波伟输了
6. A. 报告厅太小了　　B. 去的人很多　　　　C. 她没找到座位
7. A. 女的乒乓球打得不好
   B. 男的乒乓球打得比女的好
   C. 男的在跟女的开玩笑
8. A. 不太好　　　　　B. 一般　　　　　　　C. 非常好
9. A. 夫妻　　　　　　B. 同学　　　　　　　C. 同事
10. A. 卖火车票的地方　B. 卖飞机票的地方　　C. 卖电影票的地方

听短文并做练习

1. 听后选择正确答案
   （1）A. 一个小时　　B. 两个小时　　　　　C. 四个小时

(2) A. 汽车票太贵　　　B. 浪费时间　　　C. 很不舒服
(3) A. 睡觉　　　　　　B. 看书　　　　　C. 听音乐
(4) A. 小文不会开车
　　B. 小文跟家里人住在一起
　　C. 小文没有听教授的建议

2. 听后选择正确答案

(1) A. 5℃　　　　　　B. 10℃　　　　　C. 13℃
(2) A. 15号左右　　　　B. 17号　　　　　C. 29号
(3) A. 一次　　　　　　B. 两次　　　　　C. 三次
(4) A. 今天风很大　　　B. 最近气温下降　C. 这两天气温很低

3. 听后判断正误

(1) 在最后8秒钟的时候，捷克队输了2分。　　　　　　（　）
(2) 保加利亚队需要赢6分才能取得小组比赛的胜利。　（　）
(3) 以前的比赛捷克队打得比保加利亚队好。　　　　　（　）
(4) 这场比赛中，最后保加利亚队比捷克队多5分。　　（　）
(5) 保加利亚队获得了欧洲杯的冠军。　　　　　　　　（　）

会　话

一　课文

丁荣：哎，张文，我真奇怪，怎么那么多中国人乒乓球打得那么好？

张文：因为乒乓球是中国最普遍的运动啊。打乒乓球不需要很大的地方，球桌、球拍也不太贵，所以，什么人、什么地方都可以打。

丁荣：是啊，我发现很多地方都有乒乓球桌。不过，在我们国家，最流行的运动是篮球。大家喜欢打篮球，也喜欢看篮球比赛。

张文：篮球在中国也很普遍。很多地方，甚至一些条件不太好或很小的学校也有篮球场。

丁荣：这一点我也发现了。另外，我也常看到不少人打羽毛球。老人、年轻人都打。

张文：对，现在也有很多人喜欢打羽毛球，尤其是年轻人。去体育馆打的话常常需要提前预订场地，周末就更难找到球场了。

丁荣：我觉得中国人真的很爱运动。早晨在公园、广场等地方到处都有很多人在跑步、打球、打太极拳、练武术……

张文：还有很多人在跳舞锻炼身体呢，对吧？哈哈。中国有句话说："饭后百步走，活到九十九。"多运动才能健康长寿么！

丁荣：好，明天我也开始运动。你教我打乒乓球，怎么样？

张文：一句话。

注释

(一) 一句话 In a word

"一句话",意思是"用非常简洁的语句进行概括"。如:
The expression 一句话 means to conclude in very simple words.

(1) 他一会儿说忙,一会儿说这事儿不好办,我看哪,一句话,他就是不想帮你。

(2) 学习外语一定要多听,多看,多说,多写,一句话,要下功夫多练习。

在课文中,"一句话"可理解为"没问题",用于答应别人的请求。
In the text, the expression 一句话 means "no problem", which is used as a reply to other's requirement.

(1) A:这件事儿就麻烦你啦。　　B:一句话。
(2) A:你可以安排我跟她见个面吗?　　B:一句话。

练习

(一) 根据课文内容回答问题

1. 中国最流行的运动是什么?
2. 为什么在中国很多人喜欢打乒乓球?
3. 在丁荣的国家,大家最喜欢什么运动?
4. 除了乒乓球、篮球,中国人还常常做哪些运动?
5. "饭后百步走,活到九十九"是什么意思?
6. 丁荣会打乒乓球吗?

(二) 用所给词语各说一组两句的对话

1. 太阳从西边出来
2. 不就是……吗
3. 哪知道
4. 不怎么样
5. 吹牛
6. 不一定

7. adj.+什么

8. 百闻不如一见

9. ……把……V 了/着

(三) 根据下面的要求，做口语练习

1. 说说你经常看到中国人做哪些运动。

2. 跟中国朋友聊一聊，在你们国家，什么运动最流行，为什么。

3. 你喜欢运动吗？谈谈你喜爱的一项运动。

(四) 读一读下面的古诗，注意语气和感情

Jìng yè sī
静 夜 思

(Táng) Lǐ Bái
(唐) 李 白

Chuáng qián míngyuè guāng,
床 前 明 月 光，

Yí shì dì shàng shuāng.
疑 是 地 上 霜。

Jǔ tóu wàng míngyuè,
举 头 望 明 月，

Dī tóu sī gùxiāng.
低 头 思 故 乡。

Missing at a silent night

(Tang) Li Bai

The bright moonlight shines in front of my bed,

I suspect it were the frost on the ground.

Raising my head, I look at the bright moon,

Lowering down, I start to miss my home town.

第四十五课　复习(九)

生　词

听力部分

1. 抱歉	adj.	bàoqiàn	be sorry, regret	乙
2. 推迟	v.	tuīchí	postpone, defer, delay, put off	丙
3. 抱怨	v., n.	bàoyuàn	complain, grumble	乙
4. 游览	v.	yóulǎn	go sight-seeing, tour visit, excursio	乙
5. 顺序	n.	shùnxù	order	丁
6. 晚餐	n.	wǎncān	supper, dinner, evening meal	丁
7. 做梦	v.o.	zuò mèng	dream; day-dream, have a dream	乙
8. 羽绒服	n.	yǔróngfú	garment made of soft feathers	
9. 奖	v., n.	jiǎng	reward, prize	乙
10. 大小	n.	dàxiǎo	size; space	乙
11. 学费	n.	xuéfèi	tuition; premium	乙
12. 迅速	adj.	xùnsù	speedy, fast, prompt; with celerity	乙
13. 估计	v., n.	gūjì	estimate, appraise, estimation	乙
14. 数量	n.	shùliàng	quantity, amount, scalar	乙
15. 管	v.	guǎn	manage, be in charge of, look after	乙

35

16. 解决	v.	jiějué	settle, solve, resolve, clear up	甲
17. 隔壁	n.	gébì	next door, bulkhead	乙
18. 使劲	v.o.	shǐ jìn	make efforts, exert one's strength	丙
19. 不像话		bú xiànghuà	unreasonable, not right	

会话部分

1. 哇	part.	wa	sound of vomiting or crying	乙
2. 地区	n.	dìqū	area, district, region	乙
3. 差别	n.	chābié	difference, disparity	丙
4. 落后	adj., v.o.	luòhòu	backward; fall behind, lag behind, drop behind	乙
5. 少数	n.	shǎoshù	small number, few, minority, fewness, paucity	乙
6. 民族	n.	mínzú	ethnic minority or group, nation	甲
7. 税	n.	shuì	tax, duty	丙
8. 祝愿	v., n.	zhùyuàn	wish	丙

▶ 专名

1. 西藏   Xīzàng   Tibet
2. 玄武湖   Xuánwǔ Hú   Xuanwu Lake

第四十五课 复习（九）

本课新字

| 怨 | 序 | 绒 | 速 | 估 | 隔 | 壁 | 哇 | 落 |
| 族 | 税 |

听 力

听句子并选择正确答案

1. A. 宾馆　　　　　B. 饭馆　　　　　C. 房屋中介公司
2. A. 服务员　　　　B. 导游　　　　　C. 司机
3. A. 汽车站　　　　B. 火车站　　　　C. 飞机场
4. A. 兴奋　　　　　B. 抱怨　　　　　C. 失望
5. A. 2000人　　　　B. 4000人　　　　C. 6000人
6. A. 玄武湖、长江大桥、中山陵
   B. 中山陵、玄武湖、长江大桥
   C. 玄武湖、中山陵、长江大桥
7. A. 不满意　　　　B. 无所谓　　　　C. 很关心
8. A. 120块　　　　　B. 200块　　　　　C. 400块
9. A. 十点　　　　　B. 十点半　　　　C. 十点四十
10. A. 现在是傍晚　　B. 他们吃不上晚饭了　　C. 他们是出来旅游的

听对话并选择正确答案

1. A. 没什么可说的
   B. 不像人们说的那么好
   C. 确实非常好

37

2. A. 现在是春天　　　B. 女的现在在云南　　C. 去云南不用带羽绒服
3. A. 400 块钱　　　　B. 800 块钱　　　　　C. 1200 块钱
4. A. 50 块左右　　　 B. 100 块左右　　　　C. 150 块
5. A. 说和写都很好
   B. 说还可以，写不太好
   C. 说得不错，写得不好
6. A. 四个　　　　　　B. 五个　　　　　　　C. 七个
7. A. 交通　　　　　　B. 租金　　　　　　　C. 环境
8. A. 母子　　　　　　B. 夫妻　　　　　　　C. 朋友
9. A. 很糟糕　　　　　B. 很精彩　　　　　　C. 很一般
10. A. 昨天晚上开车了　B. 被经理批评了　　　C. 跟经理说话了

听短文并做练习

1. 听后选择正确答案
   （1）A. 7 日　　　　　　B. 8 日　　　　　　　C. 9 日
   （2）A. 被人给偷了　　　B. 被银行拿走了　　　C. 忘在取款机里了
   （3）A. 张先生的孩子是个学生
        B. 是银行职员存的钱
        C. 有人告诉了张先生卡的事
   （4）A. 女人是个小偷　　B. 这件事不容易解决　C. 警察能找回这些钱

2. 听后选择正确答案
   （1）A. 网上预订　　　　B. 电话预订　　　　　C. 写信预订
   （2）A. 告诉我去交钱　　B. 通知我退钱　　　　C. 让我去旅游
   （3）A. 他退休了　　　　B. 他在开会　　　　　C. 他在放假
   （4）A. 张先生　　　　　B. 钱先生　　　　　　C. 李先生
   （5）A. 北京人　　　　　B. 四川人　　　　　　C. 西藏人

3.听后判断正误

(1) 小王和朋友在咖啡馆见面。　　　　　　（　）

(2) 小王不太喜欢邻居的孩子。　　　　　　（　）

(3) 邻居的孩子很调皮。　　　　　　　　　（　）

(4) 小王常常在半夜练琴。　　　　　　　　（　）

(3) 这件事情是小王做得不对。　　　　　　（　）

会　话

一 课文

丁荣：周末我们去参观了华西村。哇，那儿的农民真让人羡慕啊！

王明：是啊。跟以前比，中国农民的生活水平确实有了很大的提高。不过，华西村的情况是比较特别的。

丁荣：王明，那你能不能把中国农村的情况跟我说说？我很感兴趣。

王明：我只能说个大概。华西村在中国的东部。中国东部，尤其是东南部，经济比较发达。

丁荣：原来是这样！那其他地方怎么样呢？我听说，中部、尤其是西部地区的经济不太发达，是这样吗？

王明：是的，每个地方农民的情况都不太一样。发达地区的农民，一般的家庭，生活上跟城市的差别比较小。也家家有电视、有电话，有存款的家庭也不少。

丁荣：那在一些落后的地方呢？比如山区和少数民族地

区，他们能吃饱饭、有衣服穿吗？

王明：生活一般没问题，但没什么钱。孩子上学、看病等有困难。不过，政府正在想办法解决农村和农民的问题，比如从2006年起，农民就不用再交农业税了。

丁荣：那太好了！希望有一天中国的每个村子都变成"华西村"。

王明：谢谢你的美好祝愿！

练习

(一) 根据课文内容回答问题

1. 丁荣什么时候去参观华西村的？
2. 中国有很多地方像华西村一样，对吗？
3. 华西村在中国的什么地方？
4. 中国哪些地方的经济比较发达？
5. 中国西部的经济怎么样？
6. 不发达地区的农民有什么样的困难？
7. 中国政府帮农民做的一件大事是什么？

(二) 用所给的词语各说一句话或一组对话

1. 搞
2. 忍不住
3. 预订
4. 祝愿
5. 不像话

6. 没办法

7. 怪不得

8. 跟……比

(三) 根据下面的要求，进行口语练习

1. 根据课文，谈谈现在中国农村的情况。

2. 你去过中国农村吗？要是去过，谈谈你的印象。

3. 请你说说你们国家农村和农民的情况。

(四) 读一读下面的古诗，注意语气和感情

<pre>
 Tí qiū jiāng dú diào tú
 题 秋 江 独 钓 图
</pre>

(Qīng) Wáng Shìzhēn
（清） 王 士桢

Yī suō yí lì yì piānzhōu,
一 蓑 一 笠 一 扁 舟，

Yí zhàng sīlún yí cùn gōu;
一 丈 丝纶 一 寸 钩；

Yì qǔ gāogē yì zūn jiǔ,
一 曲 高歌 一 樽 酒，

Yì rén dú diào yì jiāng qiū.
一 人 独 钓 一 江 秋。

Inscribe on the painting of a single fisher on the autumn river

(Qing) Wang Shizhen

Standing in a small boat with a straw raincoat and a bamboo hat,
Holding a string of thread with a fishing hook.
Singing a song loudly with a cup of alcohol,
In autumn the fisherman fishes alone on the river.

第四十六课　业余时间你做什么？

生词

听力部分

1. 真正	adv, adj.	zhēnzhèng	genuine, true, real; truly, in earnest	甲
2. 繁荣	adj., v.	fánróng	flourishing, prosperous	乙
3. 京剧	n.	jīngjù	Beijing opera	乙
4. 老实	adj.	lǎoshi	honest, frank, veracious, genuine	乙
5. 列车	n.	lièchē	train, trip	丙
6. 显著	adj.	xiǎnzhù	outstanding, notable, remarkable	乙
7. 惹	v.	rě	cause to happen; provoke	乙
8. 有的是		yǒudeshì	have plenty of, there's no lack of	乙
9. 动身	v.o.	dòng shēn	leave on a journey, set off	乙
10. 脑子	n.	nǎozi	brain, brains, mind	乙
11. 接待	v.	jiēdài	receive, play host to	乙
12. 握手	v.o.	wò shǒu	shake hands	甲
13. 问候	v.	wènhòu	send one's regards to, say	乙

第四十六课 业余时间你做什么？

14. 倒	v.	dào	upside down, reverse, pour, tip	甲
15. 同样	conj., adj.	tóngyàng	same, equal, similar, alike	乙
16. 面前	n.	miànqián	in the face of, in front of	乙
17. 告别	v.	gàobié	say goodbye	乙
18. 主人	n.	zhǔrén	host; master	乙
19. 遥远	adj.	yáoyuǎn	distant, remote, faraway	丙
20. 老太太	n.	lǎotàitai	old lady, Venerable Madam	乙

会话部分

1. 好容易	v.	hǎoróngyì	with great difficulty, not at all easy	乙
2. 放松	v.	fàngsōng	relax, slacken, loosen	丙
3. 休闲	v.	xiūxián	have a leisure life, rest and recreation at leisure	
4. 方式	n.	fāngshì	way (of life), pattern, style	乙
5. 老年	n.	lǎonián	old age	丙
6. 重视	v.	zhòngshì	attach importance to, emphasis on	乙

▶ 专名

张学友	Zhāng Xuéyǒu	name of a singer in Hongkong

本课新字

繁 荣 京 显 惹 松 闲

听力

一 听句子并选择正确答案

1. A. 一碗　　　　　B. 两碗　　　　　C. 很多碗

2. A. 大家非常想出去旅行
   B. 学校让大家下个星期去旅行
   C. 旅行的时候会很兴奋

3. A. 普通人　　　　B. 努力工作的人　　C. 所有的人

4. A. 爸爸　　　　　B. 王明　　　　　C. 王明和爸爸

5. A. 他不会做出这样的事
   B. 没想到他会做这样的事
   C. 他不敢做出这样的事

6. A. 妹妹　　　　　B. 小明　　　　　C. 妈妈

7. A. 南京　　　　　B. 济南　　　　　C. 北京

8. A. 他算是我们班的同学
   B. 他在我们班年纪比较小
   C. 他是我们班最小的

9. A. 他的成绩是最好的
   B. 他原来很想家
   C. 老师和同学很关心他

10. A. 天气好的早晨　　　B. 不下雨的时候　　C. 每天早上

听对话并选择正确答案

1. A. 现在已经七点多了　　B. 女的今天特别累　C. 男的也不想做饭

2. A. 拔河比赛她没有报上名
   B. 她不想参加拔河比赛
   C. 她不知道要举行拔河比赛

3. A. 很可笑　　　　　　B. 不太好　　　　　C. 很成功

4. A. 她觉得汉语很容易说　B. 她不太会说汉语　C. 她愿意帮助男的

5. A. 她不知道张学友是谁
   B. 她有很多张学友的CD
   C. 她不是张学友的歌迷

6. A. 拍照片　　　　　　B. 看风景　　　　　C. 去买花

7. A. 记错集合时间了　　B. 记错集合地点了　C. 可能还没起床

8. A. 不喜欢吃　　　　　B. 怕对牙不好　　　C. 不想自己变胖

9. A. 不知道怎么问小明　B. 心里很着急　　　C. 不想跟小明说话

10. A. 可以了解中国人
    B. 这个交流活动很有趣
    C. 能提高汉语水平

听短文并做练习

1. 听后选择正确答案

(1) A. 主人先进去　　　B. 客人先进去　　　C. 谁先进去都可以
(2) A. 小半杯　　　　　B. 大半杯　　　　　C. 满满一杯
(3) A. 用左手递茶　　　B. 用右手递茶　　　C. 用两只手递茶

（4）A. 开大声音看电视
　　　B. 把客人送出房门
　　　C. 告别时主人要先站起来

2. 听后判断正误

（1）姐姐去欧洲旅行了，所以不能帮妈妈做饭。　　　　（　　）
（2）妹妹很听话，姐姐不听话。　　　　　　　　　　　（　　）
（3）姐姐愿意把自己的冰激凌给妹妹吃。　　　　　　　（　　）
（4）妹妹吃掉了姐姐的冰激凌，姐姐很生气，但是没办法。（　　）
（5）姐姐不帮妈妈做饭，妈妈不太高兴。　　　　　　　（　　）

3. 听后回答问题

（1）老太太为什么原来每天都不开心？
（2）老太太为什么后来每天都很开心？
（3）这个故事告诉我们什么？

会　话

课文

王明：波伟，这个星期六我给你打电话，你怎么不在宿舍呢？

波伟：我一到周末就出去玩儿。好容易休息了嘛，应该出去放松放松啊。

王明：那你都做些什么呀？

波伟：看情况。天气好呢，就出去运动一下，爬爬山，打打球；天气不好呢，就约几个朋友去喝喝茶、聊聊天什么的。你呢？

王明：我呀，周末最喜欢在家睡觉了。

波伟：那别的中国人呢？业余时间都做些什么呢？

王明：现在越来越多的中国人愿意把钱和时间花在自己喜欢的事情上。

波伟：这我知道，有很多中国人会在五一、十一的时候出去旅游。除了旅游还有其他的休闲方式吗？

王明：当然有了，逛街买东西、看电影、看电视，做运动什么的，也都受到很多人的欢迎。一般来说，年轻人喜欢热闹一点儿的活动，老年人喜欢安静一点儿的活动。

波伟：我们国家好像也差不多是这样，我爸爸妈妈就喜欢待在家里看电视。

王明：年轻人和老年人休闲方式不一样，收入高的和收入低的休闲方式也不一样。但是，不管怎么说，中国人开始重视自己的业余生活了。

波伟：我觉得发展、进步的社会就应该这样，工作和学习不是生活的全部。

注释

(一) 天气好呢，……，天气不好呢，……

When it is a fine day, ..., if it is not fine, ...

"呢"用在主语之后，含有"至于……"或"要说……"的意思，多用于列举或对举。如：

The word 呢 is used after a subject, meaning "as to, as for". It is mainly used in giving examples or comparison. For example:

(1) 我们几个都喜欢运动，老马呢，喜欢篮球，小张呢，喜欢足球，我呢，喜欢网球。

(2) 我的几个同学性格不一样，小刘呢，很温柔，小李呢，比较热情，小王呢，比较急，容易生气。

(二) 不管怎么说 No matter...

"不管"用于有疑问代词或并列短语的语句，表示在任何条件下结果或结论都不会改变。如：

The phrase 不管 is used in a sentence with an interrogative pronoun or parataxis phrases. It means that under any conditions, the result won't change. For example:

(1) 他不管怎么忙，都会坚持去操场锻炼半个小时。

(2) 不管你去还是我去，都要把情况了解清楚。

练习

(一) 根据课文内容回答问题

1. 波伟这个星期六为什么不在宿舍？
2. 波伟周末一般都做什么？王明呢？
3. 中国人在五一、十一常常会做什么？
4. 一般的中国人周末常常做什么？
5. 在中国，年轻人和老年人的休闲方式一样吗？
6. 波伟认为发展、进步的社会是什么样的？

(二) 用所给词语各说一组两句对话

1. ……得不得了
2. 在……下
3. 好说
4. 有的是
5. 十有八九
6. 可不是嘛
7. 这样一来
8. ……呢……呢
9. 不管怎么说

(三) 根据下面的情景或要求，进行口语练习

1. 介绍一下你平时周末的时间安排。
2. 找一个不同国家的同学，聊一聊各自国家的人有什么休闲方式。
3. 谈一谈自己国家生活方式的变化，发生这些变化的原因是什么。

(四) 读一读下面的古诗，注意语气和感情

Zèng bié
赠 别

(Táng) Dù Mù
（唐）杜 牧

Duōqíng què sì zǒng wúqíng,
多情 却 似 总 无情，
Wéi jué zūn qián xiào bù chéng.
唯 觉 樽 前 笑 不 成。

Làzhú yǒu xīn hái xībié,
蜡烛 有 心 还 惜别,

Tì rén chuí lèi dào tiān míng.
替 人 垂 泪 到 天 明。

Parting

(Tang) Li Shangyin

I am emotional but always seem emotionless,
I do not think I could laugh while drinking apart.
With a heart, even the candle feels pity for parting,
Instead of me, it cries till the daybreak.

第四十七课 回老家过春节

生词

听力部分

1. 叉	n.	chā	fork		乙
2. 扶	v.	fú	support with the hand; hold up		乙
3. 明显	adj.	míngxiǎn	clear, obvious, evident, distinct		乙
4. 细心	adj.	xìxīn	careful, attentive, cautiousness		乙
5. 损失	v., n.	sǔnshī	lose, suffer loss; loss, damage		乙
6. 马大哈	n.	mǎdàhā	a careless person, scatterbrain		
7. 速度	n.	sùdù	speed, rate, velocity, quickness		乙
8. 改善	v.	gǎishàn	improve, make the situation better		乙
9. 事故	n.	shìgù	accident, mishap		丙
10. 上当	v.o.	shàng dàng	be taken in, be fooled, be duped		乙
11. 礼堂	n.	lǐtáng	assembly hall, auditorium		乙
12. 项	m.(n.)	xiàng	*a measure word for items or clauses*		乙
13. 轻松	adj.	qīngsōng	light, relaxed		乙

51

14. 寻找	v.	xúnzhǎo	seek, look for	乙
15. 祝贺	v.	zhùhè	congratulate; congratulation	乙
16. 亲戚	n.	qīnqi	relative, family, relatives	乙
17. 晚辈	n.	wǎnbèi	younger generation, juniors	
18. 平安	adj.	píng'ān	safe, without accident or danger	
19. 斧头	n.	fǔtou	ax, axe, hatchet	乙
20. 小气	adj.	xiǎoqi	stingy, mean, miserly, illiberality	

会话部分

1. 老家	n.	lǎojiā	native place, old home, birthplace	丁
2. 过年	v.o.	guò nián	celebrate the Spring Festival	
3. 哦	intj.	ò	expressing newly gained understanding	乙 丙
4. 禁止	v.	jìnzhǐ	prohibit, ban, forbid	乙
5. 乡下	n.	xiāngxia	countryside, village	乙

▶ 专名

1. 姚明	Yáo Míng	name of a basketball player
2. 北京西路	Běijīng Xīlù	name of a road
3. 印度	Yìndù	India
4. 中央电视台	Zhōngyāng Diànshìtái	CCTV

本课新字

叉 扶 损 速 善 项 戚 斧 哦
禁

听力

听句子并选择正确答案

1. A. 公共汽车上　　　B. 出租车上　　　C. 火车上

2. A. 很多留学生没有用筷子吃过饭
   B. 很多留学生不喜欢用刀叉吃饭
   C. 用筷子吃饭比用刀叉吃饭有意思

3. A. 旁边有人扶了他一下，他没有摔倒
   B. 旁边没有人扶他，他摔倒了
   C. 他扶了别人一下，自己摔倒了

4. A. 春节的时候吃的东西不一样
   B. 怎么过春节非常不一样
   C. 在各方面都不太一样

5. A. 他身体不健康　　B. 健康很重要　　C. 挣钱没有用

6. A. 小张常常签错合同　B. 刘师傅比较细心　C. 公司的损失很大

7. A. 希望女儿能够到国外学习
   B. 不知道应该让女儿去哪个国家
   C. 舍不得让女儿到国外去

8. A. 做事情不细心　　B. 做事情很小心　　C. 做事情很专心

9. A. 要送文文衣服　　　　B. 非常穷　　　　　　C. 今天很高兴
10. A. 公司的新宿舍楼是白色的
    B. 他们是公司的新职员
    C. 生活上有困难找张经理

听对话并选择正确答案

1. A. 中国的发展速度不太快
   B. 中国人对她很热情
   C. 中国的发展速度让人吃惊

2. A. 男的很少请客　　　B. 女的不想去吃饭　　　C. 食堂吃饭很便宜

3. A. 昨天的比赛很精彩
   B. 中国队的表现很不好
   C. 中国队赢得确实不容易

4. A. 她想让爸爸跟她一起去
   B. 她知道怎么换车
   C. 她这是第二次去

5. A. 女的告诉张老师这件事了
   B. 张老师想知道这件事
   C. 男的觉得女的应该说

6. A. 她现在的工作收入太少
   B. 觉得男的说得非常对
   C. 找工作的时候收入也很重要

7. A. 儿子会开车　　　　B. 在医院上班　　　　C. 没有请假就走了

8. A. 这件衣服不漂亮
   B. 男的被人骗了
   C. 她想知道男的在哪儿买的

9. A. 男的　　　　　　　B. 女的　　　　　　　C. 男的和女的

10. A. 现在租房子比较难　B. 她不愿意帮忙　　　C. 这件事情很容易

三 听短文并做练习

1. 听后选择正确答案

   (1) A. 逛街买衣服　　　　B. 准备吃的东西　　　C. 去饭店吃饭

   (2) A. 饭店的年夜饭更好吃

   　　B. 自己做年夜饭浪费时间

   　　C. 为了让节日生活更轻松

   (3) A. 老人和孩子　　　　B. 老人和年轻人　　　C. 年轻人和孩子

   (4) A. 要饿肚子　　　　　B. 要把剩酒喝光　　　C. 吃很多好吃的

2. 听后判断正误

   (1) 春节这一天很多人会去拜年。　　　　　　　　（　）

   (2) 压岁钱可以多给一点儿也可以少给一点儿。　　（　）

   (3) 去亲戚家拜年一定要吃了饭再回去。　　　　　（　）

   (4) 给同事、朋友拜年时最好留下来吃饭。　　　　（　）

   (5) 给邻居拜年比较随便。　　　　　　　　　　　（　）

3. 听后判断正误

   (1) 张三派儿子去邻居家借斧头。　　　　　　　　（　）

   (2) 李四的斧头被孩子的叔叔借走了。　　　　　　（　）

   (3) 李四是个很小气的人。　　　　　　　　　　　（　）

   (4) 张三比李四更小气。　　　　　　　　　　　　（　）

   (5) 张三家没有斧头。　　　　　　　　　　　　　（　）

会 话

课文

波伟：张文，听说你要回山东老家过年了。

张文：对啊，我上个星期就想回去了，但一直没买到车票，昨天排队排了好几个小时才买到。

波伟：票那么难买，车上又那么挤，为什么一定要回家呢？在学校过年也挺好的。

张文：这你就不懂了。春节是中国人最重视的节日。这一天，在外面工作、学习的人都要赶回家，跟家人吃年夜饭。

波伟：哦，那肯定很热闹吧？

张文：是啊，我们全家老老少少有十几口人呢，除夕那天会坐在一起吃年夜饭，然后看中央电视台的春节晚会。

波伟：除了看晚会还做什么呢？

张文：到了十二点，全家人一起出去放鞭炮，很热闹。

波伟：我听说，很多地方鞭炮声一直响到春节的早晨呢。

张文：是啊，这一晚乡下更是热闹，鞭炮声也更响。但是一定要注意安全，如果不小心会伤到人的。

波伟：那你回家，给爸爸妈妈的礼物都买好了吗？

张文：买什么礼物呀，我自己不就是最好的礼物吗？

波伟：哈哈，你真有意思。

练习

（一）根据课文内容回答问题

1. 春节期间车票容易买吗？
2. 张文为什么一定要回家过年？
3. 张文家过年都做什么？
4. 张文的家乡春节可以放鞭炮吗？
5. 张文给爸爸妈妈带礼物了吗？

（二）用所给词语各说一组两句对话

1. 如果不是……，就……了
2. 不把……当回事
3. 舍得
4. 对……来说
5. 可不
6. 话是这么说
7. 有什么……的
8. 这你就不懂了

（三）根据下面的情景或要求，进行口语练习

1. 介绍一下张文家是怎么过春节的。
2. 你们国家有春节吗？如果有，跟中国的春节有什么不一样的地方？
3. 介绍一个你们国家最重要的节日。

(四) 读一读下面的古诗,注意语气和感情

过 华清 宫
Guò Huáqīng Gōng

(唐) 杜 牧
(Táng) Dù Mù

长安 回 望 绣 成 堆,
Cháng'ān huí wàng xiù chéng duī,

山顶 千 门 次第 开。
Shāndǐng qiān mén cìdì kāi.

一 骑 红尘 妃子 笑,
Yí jì hóngchén fēizǐ xiào,

无 人 知 是 荔枝 来。
Wú rén zhī shì lìzhī lái.

Passing Huaqing Palace

(Tang) Du Mu

Looking back, Chang'an looks like a vast brocade,
Gates upon gates open on the hill.
The imperial concubine smiles when she sees the coming horse,
No one knows that it brings her the lychees.

第四十八课　中国的父母和孩子

生　词

听力部分

1. 承认	v.	chéngrèn	recognize, agree, consent, admit	乙
2. 汗	n.	hàn	sweat, perspiration	乙
3. 没戏		méi xì	have a hope in hell	
4. 脱	v.	tuō	(of skin, hair, etc.) shed, come or fall out	甲
5. 正常	adj.	zhèngcháng	normal, usual, regular, ordinary	乙
6. 分手	v.o.	fēn shǒu	part company, say good-bye, break up	
7. 之间	n.	zhījiān	among, between	甲
8. 及时	adj.	jíshí	timely, in time; promptly	乙
9. 细	adj.	xì	thin, slender; detailed, tiny, trivial	甲
10. 滑	adj.	huá	slippery, smooth; slip, slide	乙
11. 滚	v.	gǔn	roll, tumble, trundle, get away	乙
12. 研究	v.	yánjiū	study, research, look into; consider	甲

13. 手指	n.	shǒuzhǐ	finger	乙
14. 大脑	n.	dànǎo	brain, cerebrum; sb.'s intellectual capacity	丙
15. 情书	n.	qíngshū	love letter	
16. 皱	v., adj.	zhòu	wrinkle, crease	丙
17. 塞	v.	sāi	fill in, stuff in, stop up	丙
18. 拜访	v.	bàifǎng	pay a visit, call on	丙
19. 讨好	v.o.	tǎo hǎo	bow and scrape, lick sb.'s boots	

会话部分

1. 围	v.	wéi	enclose, fence off, surround	乙
2. 心疼	v.	xīnténg	love dearly; make one's heartache	丁
3. 危险	adj.	wēixiǎn	at risk, dangerous; danger	甲
4. 与	prep., conj.	yǔ	and, with; get along with	乙
5. 地位	n.	dìwèi	position, standing, status	乙
6. 平等	adj.	píngděng	equal, common; equality, evenness	乙

本课新字

承 汗 脱 滚 研 究 皱 塞 危

险 与

第四十八课　中国的父母和孩子

听　力

一　听句子并选择正确答案

1. A. 不满　　　　　　　B. 吃惊　　　　　　　C. 兴奋

2. A. 明明还没承认错误
　　B. 这个错误非常严重
　　C. 爸爸已经原谅明明了

3. A. 吃晚饭　　　　　　B. 踢足球　　　　　　C. 看球赛

4. A. 他挣钱非常辛苦　　B. 商场的衣服太贵了　C. 文文花钱太多

5. A. 他的话太多了
　　B. 他在美国生活过
　　C. 他平时不喜欢说话

6. A. 说话人在一家饭店里
　　B. 说话人跟朋友在一起
　　C. 说话人正在吃饭

7. A. 考试考得不好　　　B. 不喜欢参加表演　　C. 一定不能上大学了

8. A. 经常去网吧　　　　B. 成绩不好　　　　　C. 每天都玩儿游戏

9. A. 修空调的　　　　　B. 售货员　　　　　　C. 老师

10. A. 脱掉了厚毛衣　　　B. 没听妈妈的话　　　C. 没有去上课

二　听对话并选择正确答案

1. A. 好极了，去了一次还想去第二次
　　B. 还可以，应该去吃一两次
　　C. 很不好，去了一次不想去第二次

2. A. 6年　　　　　　　　B. 12年　　　　　　　C. 18年

61

3. A. 女的跟小刘是夫妻
   B. 男的跟女的常常吵架
   C. 小刘的脾气不太好

4. A. 生病了要打太极拳
   B. 打太极拳有效果
   C. 不要说打太极拳的事

5. A. 夫妻   B. 朋友   C. 父女

6. A. 王明前几天被车撞了
   B. 女的经常和男朋友在一起
   C. 男的最近没时间关心王明

7. A. 女朋友经常生气
   B. 女朋友跟他感情不好
   C. 女朋友管得太多了

8. A. 小王夫妻不应该离婚
   B. 夫妻之间不应该吵架
   C. 两口子不应该有问题

9. A. 不顺利   B. 很开心   C. 还可以

10. A. 他们的孩子   B. 他们的朋友   C. 他们的邻居

三 听短文并做练习

1. 听后选择正确答案：

（1）A. 上面粗而圆，下面细而方
    B. 上面粗而方，下面细而圆
    C. 上面细而方，下面粗而圆

（2）A. 比较漂亮   B. 比较容易做   C. 比较方便实用

（3）A. 客人等主人先动筷子

B. 举着筷子跟别人说话

　　C. 两个人的筷子撞在一起

(4) A. 对饭碗有好处　　　B. 可以锻炼手指　　　C. 可以变聪明

2. 听后判断正误

(1) "我"喜欢一个女孩子两个月了。　　　　　　　　　　　　（　）

(2) "我"没有告诉女孩子"我"喜欢她，因为她一定会拒绝"我"的。

　　　　　　　　　　　　　　　　　　　　　　　　　　　　（　）

(3) "我"写了一封情书，但是开始的时候，"我"不敢交给那个女孩子。

　　　　　　　　　　　　　　　　　　　　　　　　　　　　（　）

(4) "我"给了那个女孩子一封情书和一百块钱。　　　　　　（　）

(5) 那个女孩子终于知道"我"喜欢她了。　　　　　　　　　（　）

3. 听后回答问题

(1) 为了欢迎作家来参观，书店老板做了什么准备？

(2) 书店的老板为什么在书架上摆满了那个作家的书？

(3) 听到老板的话，作家会怎么样？

会　话

一　课文

丁荣：王明，我昨天下午四点多经过长江路小学时，看到学校门口围着好多人，不知道他们在干什么。

王明：哦，那些都是接孩子放学的家长。现在大多数孩子都是独生子女，父母心疼孩子，怕孩子自己挤公共汽车太辛苦，所以会开车或骑自行车接送他们。

丁荣：可是父母都要工作，哪儿有时间接送孩子啊？

王明：如果父母没有时间，那么就是孩子的爷爷奶奶接送。

丁荣：怪不得我在学校门口也看到好多老人呢。

王明：其实，接送孩子不全是因为心疼他们，现在路上的车太多了，小孩子一个人上学的话，坐车、过马路什么的都很危险。

丁荣：对，现在车太多了，别说小孩子了，我过马路的时候也觉得挺害怕的。对了，我还想问问你，现在中国孩子跟父母的关系怎么样？

王明：在中国，父母跟子女的关系还是比较传统的，父母管孩子管得比较多，而且一直到工作以前都是父母给孩子钱花。

丁荣：在我们国家，父母与孩子的地位是平等的，如果父母说得不对，孩子可以不听。另外，孩子到了18岁以后，父母就不再给他们钱了。

王明：以前，孩子结婚后一般会跟父母住在一起。现在很多年轻夫妻就不跟父母一起住了。

丁荣：当然应该跟父母分开住，因为老人跟年轻人的生活方式不太一样，住在一起有很多不方便的地方。

王明：但是跟父母住在一起也有很大的好处，孩子工作那么忙，老人可以帮忙照顾家啊。

丁荣：这倒也是。

二 注释

别说小孩子了，我过马路的时候也觉得挺害怕的。

"别说"用于表示让步的复句，用于前一分句，后一分句常用"(即使/就是)……也……"或"(就连)……也……"。如：

The phrase 别说 (let alone) is used in the former clause of a concession compound sentence. The later clause is often connected by the phrases such as "(即使/就是)……也……" or "(就连)……也……". For example,

(1) 这几位专家别说在国内，就是在世界上都很有名。

(2) 别说留学生了，就是中国人也有读错的时候。

三 练习

(一) 根据课文内容回答问题

1. 为什么在中国孩子上学家长要接送？
2. 如果父母没时间，那么可能是谁接送孩子？
3. 在中国，父母跟子女的关系怎么样？在丁荣的国家呢？
4. 丁荣觉得跟父母住在一起好吗？
5. 王明觉得跟父母住在一起有什么好处？

(二) 用所给的词语或格式各说一句话或一组对话

1. 真是的
2. 没戏
3. 你说……
4. 你看你

5. 别提多……了

6. 还别说

7. 算了

8. 这倒也是

（三）根据下面的情景或要求，进行口语练习

1. 跟你的同学交流一下各自国家孩子跟父母的关系。

2. 你觉得父母应该管孩子吗？

3. 你认为父母跟子女的关系应该是什么样的？

（四）读一读下面的古诗，注意语气和感情

Qīngmíng
清明

(Táng) Dù Mù
（唐）杜 牧

Qīngmíng shíjié yǔ fēnfēn,
清明 时节 雨 纷纷，

Lùshàng xíngrén yù duàn hún.
路上 行人 欲 断 魂。

Jiè wèn jiǔjiā hé chù yǒu?
借问 酒家 何 处 有？

Mùtóng yáo zhǐ Xìnghuā Cūn.
牧童 遥指 杏花 村。

Tomb-sweeping Day

（Tang） Du Mu

It drizeles endlessly around Tomb-sweeping Day,

Travellers along the road look gloomy and miserable.

I ask a shepherd boy where I can find a tavern,

He points at the distant hamlet of Xinghua Cun.

第四十九课 城市交通越来越堵了

生 词

听力部分

1. 打招呼	v.o.	dǎ zhāohu	say hello, greet a person	丙
2. 音乐会	n.	yīnyuèhuì	concert	
3. 放弃	v.	fàngqì	abandon, give up, renounce	乙
4. 显得	v.	xiǎnde	appear (to be), seem, look	乙
5. 幅	m.(n.)	fú	a measure word used for cloth, silk, paintings, etc.	乙
6. 生词	n.	shēngcí	the new word	甲
7. 吸引	v.	xīyǐn	attract, draw, fascinate	乙
8. 笨	adj.	bèn	stupid, dull, foolish	乙
9. 数字	n.	shùzì	digit, figure, number	乙
10. 减轻	v.	jiǎnqīng	reduce, lighten, ease, alleviate	乙
11. 疲劳	adj.	píláo	tired, weary, fatigue	乙
12. 井	n.	jǐng	well; sth. in the shape of a well	乙
13. 淡	adj.	dàn	tastless, weak; light	乙
14. 玻璃	n.	bōli	glass; some glass-like	乙
15. 故乡	n.	gùxiāng	native place, hometown	乙
16. 浓	adj.	nóng	dense, thick; strong; great keen	乙

17. 壶	n.	hú	kettle, pot, bottle, flask	乙
18. 歌唱家	n.	gēchàngjiā	singer, vocalist	
19. 演出	v., n.	yǎnchū	perform, show; performance	甲

会话部分

1. 绕	v.	rào	detour, go around, make a detour	乙
2. 故意	adv.	gùyì	intentionally, on purpose	乙
3. 高峰	n.	gāofēng	peak, height, summit; acme	丙
4. 现象	n.	xiànxiàng	phenomenon, appearance	乙
5. 私人	n.	sīrén	private, personal	乙
6. 油	n.	yóu	oil, fat, grease, petroleum	乙

▶ 专名

1. 斯里兰卡	Sīlǐlánkǎ	Sri Lanka
2. 马里	Mǎlǐ	Mali
3. 俄罗斯	Éluósī	Russia
4. 埃及	Āijí	Egypt
5. 中山东路	Zhōngshān Dōnglù	name of a road
6. 宁海路	Nínghǎi Lù	name of a road

本课新字

| 招 | 呼 | 弃 | 幅 | 引 | 笨 | 疲 | 井 | 玻 |
| 璃 | 浓 | 壶 | 绕 | 峰 | 私 |

听力

听句子并选择正确答案

1. A. 他不太喜欢李经理
   B. 他今天上班迟到了
   C. 他没有跟李经理打招呼

2. A. 钱包　　　　B. 手机　　　　C. 银行卡

3. A. 生气　　　　B. 高兴　　　　C. 激动

4. A. 太极拳打得很好
   B. 应该放弃学太极拳
   C. 可以教别人打太极拳

5. A. 妈妈说今天可能会下雨
   B. 今天的雨下得非常大
   C. 我被大雨淋湿了

6. A. 今天　　　　B. 明天　　　　C. 以后

7. A. 不知道该选择哪件衣服
   B. 眼睛有点儿不舒服
   C. 这里的衣服跟花一样漂亮

8. A. 小文对我很失望
   B. 小文在等哥哥
   C. 小文不想见到说话人

9. A. 租房子不好   B. 小张不应该买房   C. 现在房子的租金很贵

10. A. 今天穿得不漂亮
    B. 跟说话人去逛街
    C. 要跟男朋友约会

听对话并选择正确答案

1. A. 丁荣要去买礼物   B. 路上堵车了   C. 他们去买了一幅画

2. A. 没办法记住这么多生词
   B. 考试的时候不考生词
   C. 这些生词全部都要记住

3. A. 四川人   B. 北京人   C. 上海人

4. A. 王小明   B. 小明   C. 明明

5. A. 他很喜欢做菜
   B. 做菜时他的手受伤了
   C. 他做的菜很好吃

6. A. 教师   B. 学生   C. 作家

7. A. 这是一部有意思的电影
   B. 女的没有看完电影
   C. 男的也去看电影了

8. A. 她已经结婚了   B. 她把机会让给别人了 C. 她不愿意出国

9. A. 她不相信男的说的话
   B. 她觉得男的能拿第一名
   C. 她知道男的没有认真准备

10. A. 不聪明   B. 生病了   C. 不认真

第四十九课　城市交通越来越堵了

听短文并做练习

1. 听后选择正确答案

(1) A. 让人兴奋　　　　B. 让人减轻疲劳　　　C. 让人不生病
(2) A. 山上的水　　　　B. 江里的水　　　　　C. 井里的水
(3) A. 80度左右　　　　B. 90度左右　　　　　C. 100度左右
(4) A. 变黄　　　　　　B. 没味道　　　　　　C. 很苦
(5) A. 红茶　　　　　　B. 绿茶　　　　　　　C. 奶茶

2. 听后判断正误

(1) 全世界有很多国家的人都喜欢喝茶。　　　　　　　　（　）
(2) 茶差不多成了英国的民族饮料。　　　　　　　　　　（　）
(3) 斯里兰卡人和英国人都喜欢喝浓茶。　　　　　　　　（　）
(4) 在泰国，人们喜欢饭后喝茶。　　　　　　　　　　　（　）
(5) 俄罗斯人在茶里放酒是为了让茶味道更好。　　　　　（　）
(6) 英国人、马里人和埃及人都喜欢在茶里加糖。　　　　（　）

3. 听后回答问题

(1) 歌迷在给歌唱家的信上写了什么？
(2) 为什么歌唱家看了歌迷的信很生气？她应该生气吗？
(3) "方便"这个词都有什么意思？

会　话

课文

(在出租车上)
安达：师傅，我去工人影院。

师傅：怎么走啊？走中山东路比较近，但这个时候有点儿堵车，走宁海路可能会好一点儿，但是有点儿绕。

安达：我赶时间，哪条路快就走哪条路吧。

（宁海路上）

安达：怎么搞的！这儿也堵上了？

师傅：这条路平时很少堵车，前边有警察，可能是发生交通事故了。你这个时候出来，正好是下班的高峰时间，路上肯定会堵车的。

安达：现在，中国的大中城市堵车现象越来越严重了。我听说前几年，有一次因为下大雪，北京城里堵车堵了五个小时呢。

师傅：以前人们上下班差不多都坐公交车，现在私人买车的越来越多了。这路上的车一多，当然就开不快了。

安达：其实买私家车就是为了方便，如果公交车很方便的话，还是有很多人愿意坐公交的。

师傅：是啊，坐公共汽车有什么不好的？自己有车方便是方便，但现在油价越来越贵了，停车也不好停，喝了点儿酒还不能开车。

安达：所以啊，我有很多有车的朋友现在也不开车了，坐地铁上下班方便得很。

师傅：如果大家都像你朋友那样的话，我们出租车司机就开心死了。

安达：哎，师傅，不堵了，赶快走吧。

练习

（一）根据课文内容回答问题

1. 安达要去哪儿？
2. 去那个地方可以怎么走？
3. 宁海路今天堵车吗？
4. 现在中国的大中城市交通怎么样？
5. 司机师傅觉得堵车的原因是什么？
6. 安达的一些朋友现在怎么上下班？

（二）用所给格式各说一句话一组对话

1. 顾不上
2. 连……带……
3. 你看
4. 还好
5. ……有什么不好？
6. 一方面……另一方面
7. 有一手
8. 吹牛

（三）根据下面的情景或要求，进行口语练习

1. 跟你的同学谈一谈各自国家的交通情况。
2. 你认为应该鼓励中国人买私家车吗？
3. 你觉得解决交通拥挤最根本的办法是什么？

(四) 读一读下面的古诗，注意语气和感情

Jì Yángzhōu Hán Chuò pànguān
寄扬州韩绰判官

(Táng) Dù Mù
（唐）杜牧

Qīngshān yǐnyǐn shuǐ tiáotiáo,
青山 隐隐 水 迢迢，

Qiū jìn Jiāngnán cǎo wèi diāo.
秋 尽 江南 草 未 凋。

Èrshí sì qiáo míngyuè yè,
二十 四 桥 明月 夜，

Yùrén hé chù jiào chuī xiāo.
玉人 何处 教 吹 箫。

To Mr. Han, the judger in Yangzhou

（Tang） Du Mu

Green mountains look vague and the river water flows toward the distant,

At the autumn end, the plants in the south of the Yangtze River are still alive,

On the evening the bright moon shines on the 24 bridges,

Where is my dear friend teaching singers to play the vertical bamboo flute.

第五十课 复习(十)

生词

听力部分

1. 白天	n.	báitiān	daylight hours, day, during the day	乙
2. 飘	v.	piāo	blow or drift about	乙
3. 支持	v.	zhīchí	support, back, stand by, be in favor of	乙
4. 恢复	v.	huīfù	recover, regain, restore, reinstate	乙
5. 亲自	adv.	qīnzì	personally, in person	乙
6. 肯	aux., v.	kěn	be willing to, be ready to; agree, consent	乙
7. 不见得	v.	bùjiàndé	not necessarily, not likely	丙
8. 教训	n., v.	jiàoxùn	lecture sb. (for wrongdoing), scold; lesson	乙
9. 犯	v.	fàn	violate, offend; attack, invade, assail	乙
10. 页	m.(n.)	yè	page; leaf	甲
11. 招待	v.	zhāodài	receive (guests), entertain; reception	乙
12. 敬酒	v.o.	jìng jiǔ	propose or drink a toast	丙
13. 碰	v.	pèng	touch, bump; meet, run into	甲

14. 托	v.	tuō	hold in the palm, support from under	乙
15. 说明	v., n.	shuōmíng	explain, illustrate; explanation, directions	甲
16. 酒精	n.	jiǔjīng	alcohol, spirit	丁
17. 吸收	v.	xīshōu	absorb, suck up, assimilate	乙
18. 消化	v.	xiāohuà	digest, digestion	乙
19. 治	v.	zhì	treat, cure, heal; rule	乙
20. 肥	adj.	féi	fat, greasy; fertile	乙

会话部分

1. 神秘	adj.	shénmì	mysterious, mystical	丙
2. 产生	v.	chǎnshēng	evolve, bring about, come into being	乙
3. 文明	n., adj.	wénmíng	civilization, culture	乙
4. 活力	n.	huólì	vitality, vigor, energy	丁
5. 未来	n.	wèilái	future, tomorrow; coming	乙
6. 请教	v.	qǐngjiào	ask for sb.'s advice, consult	丙

▶ 专名

马田	Mǎ Tián	name of a person

本课新字

飘 恢 训 犯 页 碰 治 秘

第五十课　复习（十）

听　力

一　听句子并选择正确答案

1. A. 因为他个子矮，所以篮球打得不好
   B. 虽然他个子矮，但是篮球打得挺好
   C. 他不但个子矮，而且篮球打得不好

2. A. 现在是白天，不应该睡觉
   B. 睡了很长时间了，该起来了
   C. 白天的时间很长，应该去打打球

3. A. 说话人没钱坐飞机去
   B. 火车上人特别多
   C. 上车下车都很难

4. A. 很生气　　　B. 很吃惊　　　C. 很高兴

5. A. 他不好意思不收礼物
   B. 他不想帮朋友的忙
   C. 他不能收这件礼物

6. A. 王经理很支持这项工作
   B. 这项工作很容易完成
   C. 我们的工作很辛苦

7. A. 医生　　　　B. 病人　　　　C. 护士
8. A. 看了一遍　　B. 看了两遍　　C. 看了很多遍
9. A. 比赛前很紧张　B. 以前参加过比赛　C. 不想参加这次比赛
10. A. 经常生气
    B. 见了面总是不打招呼
    C. 关系有时好有时坏

听对话并选择正确答案

1. A. 女的没有参加这项活动
   B. 女的本来不想参加
   C. 刘校长亲自来邀请了女的

2. A. 男的不是她的朋友
   B. 可以把车借给男的
   C. 车已经被男的撞坏了

3. A. 男的觉得这个小汽车太贵了
   B. 明明非常喜欢这个小汽车
   C. 女的没给儿子买贵的东西

4. A. 男的说得对　　B. 她不想告诉男的　　C. 她说了很多真话

5. A. 出差了　　B. 开夜车了　　C. 照顾孩子了

6. A. 火车站　　B. 马路上　　C. 出租车上

7. A. 名牌儿不一定都好
   B. 没见过名牌儿衣服
   C. 没钱的人也喜欢名牌儿

8. A. 教训他　　B. 原谅他　　C. 鼓励他

9. A. 女的写信写得很长
   B. 男的从来不写信
   C. 两个人想法不一样

10. A. 她舍得花钱买衣服
    B. 她能挣很多钱
    C. 她觉得那件衣服不贵

听短文并做练习

1. 听后选择正确答案

(1) A. 倒茶倒大半杯，倒酒要倒满

B. 倒茶要倒满，倒酒倒半杯

C. 倒茶和倒酒都要倒满

(2) A. 左手举杯　　　　　B. 右手举杯　　　C. 两只手一起举杯

(3) A. 喝完酒看一下自己的杯子

B. 互相看一下对方的酒杯再喝酒

C. 把酒喝光后给对方看一下杯底

(4) A. 应该等长辈先来跟自己碰杯

B. 碰杯时酒杯要比长辈的酒杯低

C. 碰杯后应该让长辈先喝

(5) A. 主人应该先向客人敬酒

B. 不会喝酒不要主动去碰杯

C. 别人敬酒时一般不能拒绝

2. 听后判断正误

(1) 喝酒之前应该先吃点儿东西，这样就不容易喝醉了。　（　　）

(2) 如果一个人一边喝酒一边喝可乐就不会醉。　（　　）

(3) 喜欢喝酒的人应该多吃绿色蔬菜。　（　　）

(4) 酒后应该喝一杯浓茶。　（　　）

(5) 喝酒之后最好吃点儿饭。　（　　）

3. 听后判断正误

(1) 这个胖子想变得瘦一点儿。　（　　）

(2) 胖子得了很严重的病，只能活四十天了。　（　　）

(3) 听说自己活不长了，胖子很难过。　（　　）

(4) 这个医生给胖子检查身体检查错了。　（　　）

(5) 医生治好了胖子的肥胖病。　（　　）

会 话

一 课文

王明：马田，听说你原来在美国有一份很好的工作，那你为什么放弃工作到中国来呢？

马田：我在美国时认识了一个中国朋友，后来我才知道中国是一个非常伟大而神秘的国家。我对中国文化产生了很大的兴趣，所以想来学习汉语、了解中国文化。

王明：你家人支持你来中国学汉语吗？

马田：他们对中国也多多少少有些了解，所以也比较支持我。

王明：你来中国半年多了，感觉怎么样？

马田：我觉得中国像一个老人，有着几千年的文明，但又像一个年轻人，充满了活力，经济发展的速度那么快，真是让人不敢相信。

王明：是的，这几十年来，中国有这么大的变化，连中国人自己都觉得吃惊。

马田：我认为未来中国对世界的影响会更大。

王明：你学好汉语后打算留在中国吗？

马田：现在还没决定，不管是不是留在中国，我都会找个跟汉语有关的工作。

王明：那我就祝你汉语越学越好，以后能找到一个满意的工作。

马田：谢谢你，以后有什么问题我还要向你请教呢。

王明：那还不是一句话！

二 练习

（一）根据课文内容回答问题

    1. 马田为什么到中国来？

    2. 对于马田来中国，他的家人是什么态度？

    3. 马田对中国有什么感觉？

    4. 对于中国现在的变化，中国人有什么感觉？

    5. 马田对将来有什么打算？

（二）用所给的词语或格式各说一句话

    1. 别看……，可……

    2. 没想到……

    3. 怎么能……呢？

    4. 哪里

    5. 真让你说着了

    6. 不见得

    7. 有什么……的

    8. 非……不可

（三）根据下面的要求，进行口语练习

    1. 谈一谈你为什么来中国学习汉语。

    2. 说一说中国给你的印象。

(四) 读一读下面的古诗，注意语气和感情

凉 州 词
Liáng Zhōu cí

（唐） 王 翰
(Táng) Wáng Hàn

葡萄 美酒 夜光杯，
Pútáo měijiǔ yèguāngbēi,

欲 饮 琵琶 马上 催。
Yù yǐn pípá mǎshàng cuī.

醉 卧 沙场 君 莫 笑，
Zuì wò shāchǎng jūn mò xiào,

古来 征战 几 人 回。
Gǔlái zhēngzhàn jǐ rén huí.

Liangzhou ci

(Tang) Wang Han

The jade glasses are filled with nice wine,

I am to have a good drink when the pipa sound urges me to go fighting quickly,

Do not laugh at me if I am drunk in the battle field,

Since the ancient time, few soldiers have come back.

第五十一课　你给我介绍个中国女朋友吧

生　词

听力部分

1. 难受	adj.	nánshòu	feel ill; feel unhappy		乙
2. 厉害	adj.	lìhai	powerful, formidable		乙
3. 浪漫	adj.	làngmàn	romantic		丁
4. 真实	adj.	zhēnshí	true, real, authentic, actual		乙
5. 共同	adj., adv.	gòngtóng	common, mutual, joint		乙
6. 茶馆儿	n.	cháguǎnr	teahouse, cafes		丙
7. 汽油	n.	qìyóu	gas, gasoline, petrol		乙
8. 失恋	v.o.	shī liàn	lose one's love		
9. 舞会	n.	wǔhuì	dance (party), ball		丙
10. 打扮	v., n.	dǎban	do up, dress up, make up		乙
11. 列	v.	liè	list (a bill)		
12. 藏	v.	cáng	hide, conceal, ensconce		乙
13. 规定	v., n.	guīdìng	make demands or provisions on the pattern, rules and regulation		乙

14. 顶	m.(n.)	dǐng	for hats	丙
15. 婚姻	n.	hūnyīn	marriage	乙
16. 状况	n.	zhuàngkuàng	status, tone	乙
17. 政策	n.	zhèngcè	policy	乙
18. ……率	n.	lǜ	ratio, rate	乙
19. 升	v.	shēng	ascend	乙

会话部分

1. 嫁	v.	jià	marry	丙
2. 品质	n.	pǐnzhì	moral character	丙
3. 相貌	n.	xiàngmào	(of a person) facial features, looks	
4. 个人	n.	gèrén	individual	乙
5. 能力	n.	nénglì	ability, capacity	乙
6. 实现	v.	shíxiàn	realize, come true	甲

本课新字

漫 扮 藏 顶 姻 策 升 嫁

第五十一课　你给我介绍个中国女朋友吧

听　力

■ **听句子并选择正确答案**

1. A. 最近天气实在很冷　　　　B. 最近天气变化很快
   C. 很多人感冒了　　　　　　D. 说话人不喜欢现在的天气
2. A. 夫妻　　　　　　　　　　B. 恋人
   C. 朋友　　　　　　　　　　D. 母女
3. A. 我和你一起做事　　　　　B. 我可以帮助你
   C. 我要跟你站在一起　　　　D. 我永远支持你
4. A. 很老实　　　　　　　　　B. 脾气很大
   C. 爱发脾气　　　　　　　　D. 从来不发脾气
5. A. 早就考上大学了　　　　　B. 喜欢学习
   C. 只知道学习　　　　　　　D. 想很多学习以外的事
6. A. 过日子没有浪漫　　　　　B. 平淡的生活是对的
   C. 真实的生活是平淡的　　　D. 我们要过平淡的日子
7. A. 疑问　　　　　　　　　　B. 不满
   C. 好奇　　　　　　　　　　D. 建议
8. A. 他想睡觉　　　　　　　　B. 他想看电影
   C. 看电影比睡觉好　　　　　D. 那个电影不好
9. A. 忘了过去了的事情吧　　　B. 谈谈过去吧
   C. 别忘了过去　　　　　　　D. 过去的事是什么
10. A. 爸爸同意，妈妈不同意　　B. 爸爸不同意，妈妈同意
    C. 爸爸妈妈都同意　　　　　D. 爸爸妈妈都不同意

■ **听对话并选择正确答案**

1. A. 结婚了　　　　　　　　　B. 还没结婚
   C. 分手了　　　　　　　　　D. 刚分手

85

2. A. 新交了一个男朋友 　　B. 他的男朋友很帅
   C. 还没有男朋友 　　　　D. 让男的帮她介绍男朋友
3. A. 男人都很重视事业 　　B. 男人比女人重视事业
   C. 女人并不重视事业 　　D. 有的女人比男人更重视事业
4. A. 茶馆儿 　　　　　　　B. 饭店
   C. 咖啡馆儿 　　　　　　D. 家里
5. A. 司机 　　　　　　　　B. 乘客
   C. 警察 　　　　　　　　D. 售票员
6. A. 生病了 　　　　　　　B. 喝醉了
   C. 现在在车里 　　　　　D. 想打开窗户
7. A. 夫妻关系不好 　　　　B. 妻子和妈妈关系不好
   C. 不跟父母住在一起 　　D. 妻子跟妈妈感情挺好的
8. A. 小丁现在心情不好 　　B. 不要跟小丁开玩笑
   C. 她觉得小丁没有伤心 　D. 小丁失恋让她很伤心
9. A. 男的对自己的工作不满意 B. 男的辞掉了现在的工作
   C. 女的觉得男的应该辞职 　D. 男的和女的是同事
10. A. 怎么参加舞会 　　　　B. 舞会上该穿什么
    C. 女的要不要打扮 　　　D. 男的是不是说实话

听对话或短文并做练习

1. 听后选择正确答案

（1）A. 水费 　　　　　　　B. 手机卡
　　　C. 去超市 　　　　　　D. 理发
（2）A. 80多 　　　　　　　B. 100多
　　　C. 400多 　　　　　　D. 800多
（3）A. 男的买了一百多块钱的DVD 　B. 昨天的晚饭是女的付的钱
　　　C. 男的参加了一个朋友的婚礼 　D. 男的花钱太快了

（4）A. 同事　　　　　　　　　　B. 朋友
　　　C. 夫妻　　　　　　　　　　D. 同学

2. 听后回答问题

（1）那个大学有个什么规定？
（2）顾教授第一次上课发生了什么事？
（3）顾教授第二次上课时告诉学生什么？
（4）顾教授第三次上课发生了什么事？

3. 听后选择正确答案

（1）A. 家庭变小　　　　　　　　B. 结婚年龄变大
　　　C. 离婚的情况越来越多　　　D. 跟外国人结婚的越来越多
（2）A. 男22岁，女20岁　　　　　B. 男24岁，女22岁
　　　C. 男28岁，女26岁　　　　　D. 男30岁，女28岁
（3）A. 家庭变小是因为法律的影响
　　　B. 年轻人结婚，父母常常要花很多钱
　　　C. 再次结婚仍然不被人理解
　　　D. 有的城市平均结婚年龄在30岁以上
（4）A. 拍结婚照　　　　　　　　B. 请客办喜酒
　　　C. 新婚旅行　　　　　　　　D. 买家具家电

会　　话

一 课文

安德：王明，你给我介绍一个中国女朋友吧。
王明：好啊，你有什么要求？

安德：要漂亮，还要脾气好，最好家里比较有钱，学习也要好。

王明：你的要求挺高的，这样的中国女孩儿会看得上你？

安德：我的条件也不错啊，又高又帅。

王明：别吹了。现在的中国女孩儿找男朋友跟以前不一样了，只是长得帅还不够。

安德：这个我也知道，那你说中国女孩儿都想找什么样的男朋友？

王明：要有经济基础吧。以前的中国人还不好意思把钱和爱情连在一起谈，但现在已经不一样了。

安德：现在的中国女孩儿都想嫁个有钱人吧？

王明：她们并不是只重视钱，品质、相貌、个人能力也都很重要。另外，不同的人重视的方面也不一样。

安德：说得也是。现在中国年轻人的生活压力比以前大得多，自己找工作，自己买房子，跟一个有钱人结婚，生活当然轻松得多。

王明：话说回来，两个人之间没有爱情，生活也不会好的。这才是找男女朋友时最重要的吧？

安德：是啊，没有爱情怎么谈恋爱？我的爱情，快点儿来吧！

王明：要找到一个真正合适的女朋友是很不容易的。

安德：你得帮我实现美好的爱情愿望啊。

王明：好，没问题。

注释

(一) 别吹了 No boasting

意思是不要吹牛了，不要说大话了。

Do not boast, or do not talk tall.

(二) 话说回来 Nevertheless

上文阐述对某一情形、人物等的看法，后文换一个角度阐述另一个不同的看法，补充说明，由此降低前文说法可能存在的片面性，从而使整个阐述全面客观、更具可接受性。"话说回来"前面常与"不过"连用。如：

One point of view about a certain situation or sb. is explained first, and a different one or a supplementary explanation is added to reduce the unilateralism which may exist in the former view, so that the whole explanation becomes more complete, more objective and more acceptable. The phrase 话说回来 is usually combined with 不过 in front of it. For example:

(1) 刚结婚就分开，确实影响夫妻感情。不过，话说回来，这次出国对你的事业很有帮助啊。

(2) 能当个主持人说个不停对我来说是一件很好的事儿。不过，话说回来，有时候自己一个人自言自语说久了也会觉得没意思。

练习

(一) 根据课文内容回答问题

1. 安德请王明帮忙做什么？
2. 安德找女朋友的条件有哪些？
3. 王明觉得现在的中国女孩儿都想找什么样的男朋友？
4. 中国女孩儿找对象方面的条件有什么变化？
5. 现在的中国女孩儿觉得找男女朋友最重要的是什么？
6. 安德最后说"你得帮我实现美好的爱情愿望啊"，是什么意思？

(二) 用所给词语或格式各说一组两句对话

1. 条件
2. 看得上
3. 别吹了
4. 把……连在一起谈
5. 对……来说
6. 实现
7. 说得也是
8. 话说回来

(三) 根据下面的情景或要求，做口语练习

1. 跟一个外国朋友谈谈各自的国家年轻男女找对象的要求或条件。
2. 一个人给你介绍了一个男（女）朋友，你跟介绍人之间的对话。

(四) 读课文，学成语

mén dāng hù duì
门 当 户 对

Be matched for marriage,
Be matched very well

第五十二课 70年代出生的人

生词

听力部分

1. 失败	v., adj.	shībài	fail, be defeated	乙
2. 道理	n.	dàolǐ	truth, principle; reason	甲
3. 吃苦	v.o.	chī kǔ	bear hardships, suffer	丙
4. 闭	v.	bì	close	乙
5. （……）者	suf.	zhě	to indicate a person or thing	丙
6. 教学	v., n.	jiàoxué	teaching	乙
7. 专家	n.	zhuānjiā	expert	乙
8. 代表	n., v.	dàibiǎo	representative; delegate	甲
9. 搭	v.	dā	put up; put	乙
10. 架子	n.	jiàzi	shelf	丙
11. 年代	n.	niándài	years, time, decade of a century	乙
12. 个性	n.	gèxìng	individual character, personality	丙
13. 顺心	adj.	shùnxīn	satisfactory	
14. 忍	v.	rěn	bear, endure; hold back	乙
15. 合作	v.	hézuò	cooperate	乙

91

16. 财产	n.	cáichǎn	property, possessions	丙
17. 矛盾	n., adj.	máodùn	contradiction	乙
18. 热烈	adj.	rèliè	ardent	乙

会话部分

1. 世纪	n.	shìjì	century, times	乙
2. 自然	n., adj., adv.	zìrán	nature; natural; naturally	乙
3. 节约	v.	jiéyuē	economize, save	乙
4. 观念	n.	guānniàn	notion, thought	丙
5. 比较	v.	bǐjiào	compare	甲
6. 谦虚	adj.	qiānxū	modest	丙
7. 优点	n.	yōudiǎn	merit, strong point, virtue	乙
8. 幽默	adj.	yōumò	humour; humorous	丁

▶ 专名

1. 苏小杰	Sū Xiǎojié	name of a peron
2. 林一佳	Lín Yījiā	name of a person
3. 广州	Guǎngzhōu	capital of Guangdong Province

本课新字

败　闭　搭　财　矛　盾　谦　幽

第五十二课 70年代出生的人

听 力

听句子并选择正确答案

1. A. 我们已经失败了　　　　　B. 我们曾经失败过
   C. 我们不想再做了　　　　　D. 我们最后会胜利
2. A. 对　　　　　　　　　　　B. 不对
   C. 很动听　　　　　　　　　D. 很容易接受
3. A. 理解　　　　　　　　　　B. 失望
   C. 关心　　　　　　　　　　D. 担心
4. A. 两个　　　　　　　　　　B. 三个
   C. 四个　　　　　　　　　　D. 很多
5. A. 老王把眼睛闭上了　　　　B. 老王拍了一张漂亮的照片
   C. 我给老王拍了一张照片　　D. 我想让老王再给我拍一张
6. A. 他身体不好　　　　　　　B. 他心情不好
   C. 妈妈一直很健康　　　　　D. 妈妈现在病好了
7. A. 现在他们家有三口人　　　B. 他们现在的生活很幸福
   C. 他们的一切都没有了　　　D. 别人破坏了他们的婚姻
8. A. 喜欢吃甜的东西　　　　　B. 喜欢很多人
   C. 声音很好听　　　　　　　D. 很会说话
9. A. 买不起也租不起　　　　　B. 买不起但租得起
   C. 买得起也租得起　　　　　D. 不知道租得起还是买得起
10. A. 领导　　　　　　　　　　B. 大学教授
    C. 中小学教师　　　　　　　D. 大学生

听对话并选择正确答案

1. A. 他还没学　　　　　　　　B. 他还没懂
   C. 很容易　　　　　　　　　D. 女的已经懂了

93

2. A. 现在是暑假　　　　　　　　B. 男的在图书馆工作
   C. 女的还没有还书　　　　　　D. 女的觉得自己很倒霉
3. A. 男的想要孩子　　　　　　　B. 男的生活比较紧张
   C. 男的不会过日子　　　　　　D. 男的借了女的很多钱
4. A. 应该去电影院看电影　　　　B. 应该在家看DVD
   C. 去电影院或者看DVD都可以　D. 既不去电影院也不看DVD
5. A. 男的问女的什么时候结婚　　B. 男的想让女的快结婚
   C. 女的和小王马上就结婚　　　D. 女的和小王早就该结婚了
6. A. 学生最重要的是学习
   B. 学生谈恋爱也可以
   C. 有的学生觉得谈恋爱比学习重要
   D. 有的学生觉得学习最重要
7. A. 课多　　　　　　　　　　　B. 作业多
   C. 考试多　　　　　　　　　　D. 上兴趣班
8. A. 房子越来越贵　　　　　　　B. 男的现在不想买房子
   C. 女的现在想买房子　　　　　D. 女的觉得房价无所谓
9. A. 夫妻　　　　　　　　　　　B. 同事
   C. 客人和服务员　　　　　　　D. 顾客和售货员
10. A. 男的晚饭时吃醋了　　　　　B. 男的晚上陪女的吃饭了
    C. 男的和女的是同事　　　　　D. 女的有点儿不高兴

听对话或短文并做练习

1. 听后选择正确答案
   （1）A. 工作条件不好　　　　　B. 钱太少
        C. 跟同事关系不好　　　　D. 跟老板合不来
   （2）A. 他的老板脾气很差　　　B. 是80年代出生的
        C. 在单位心情不好　　　　D. 现在的工作还可以

(3) A. 有个性 B. 常常忍
　　C. 工作能力强 D. 很有钱
(4) A. 每天都很愉快 B. 有很多不顺心的事情
　　C. 一个人做完所有的工作 D. 老板常常拍桌子

2. 听后判断正误

(1) 苏小杰和林一佳都是广州人。　　　　　　（　）
(2) 他们是大二开始谈恋爱的。　　　　　　　（　）
(3) 自行车、手机、电脑是他们俩一起买的。　（　）
(4) 苏小杰在北京找到了工作。　　　　　　　（　）
(5) 两人分手时很不愉快。　　　　　　　　　（　）

3. 听后回答问题

(1) 男的和女的现在的生活怎么样？
(2) 男的为什么上网？
(3) 上网时男的被什么打动了？
(4) 男的发现了什么？接着，他对妻子的态度有什么变化？
(5) 录音中最后一句话"人们常说身边没有风景，其实风景常常就在你身边。"是什么意思？

会 话

一 课文

学生：老师，我们汉语课上学习了《尴尬的一代人》，说了70年代的人的生活情况，他们各方面的压力都比较大，是吧？

老师：对，那代人现在大概三十多岁，正是个人工作、生活的关键时期。

学生：不过这不是很自然的事情吗？每个国家年轻人都会遇到工作、买房等各方面的压力。

老师：但是中国的情况不太一样，以前国家都分配工作，分配房子，但70年代的人大学毕业时国家的政策正好有了变化。

学生：工作要自己找，房子要自己买了，是吧？

老师：是，这就给70年代的人带来了很多方面的压力。

学生：这一代人在其他方面还有什么特点？

老师：在生活态度上，这一代人更会享受生活，而上一代人大多比较节约，有时舍不得花钱。但这一代人很努力，因此个人能力也比较强。

学生：在感情方面呢？

老师：这一代人还是比较重感情的。婚姻观念比上一代人改变了许多，自己寻找自己的爱情。他们也会放弃没有感情的婚姻，而不是像以前凑合着到老。

学生：跟80年代出生的人比较，有什么不一样呢？

老师：我觉得一些传统的东西可能在这一代人身上更明显，比如尊重自己，也尊重别人，替别人考虑，谦虚等。

学生：看来，不是"尴尬的一代人"，应该是"优点多多的一代人"。

老师：你很幽默啊。

注释

以前国家都分配工作，分配房子，但70年代的人大学毕业时国家的政策正好有了变化。

在20世纪90年代中期以前，中国的各种中专学校、技术学校，本专科大学毕业生都会接受国家分配的工作，一般是回生源地从事自己的专业工作。从90年代后期开始，中国基本上不再对毕业生进行国家分配，由毕业生根据自己所学专业自主寻找职业。

In china, before the mid 1990's, the graduates normally accepted the jobs appointed by the government. Normally, they went back to their hometowns to work in the fields of their majors. From the late 1990's, generally speaking, no jobs were appointed to the graduates. The graduates have to seek the jobs themselves according to their majors.

练习

（一）根据课文内容回答问题

1. 70年代出生的人在工作、住房方面与上一代人有什么不同？
2. 70年代出生的人在生活态度上有什么特点？
3. 70年代出生的人努力吗？能力怎么样？
4. 70年代出生的人感情、婚姻观念和上一代人有什么不一样？
5. 70年代出生的人跟80年代出生的人相比有什么不同？

（二）用所给的词语或句式各说一句话

1. 压力

2. 自然

3. 不是……吗?

4. ……呢?

5. 在……方面

6. 特点

7. 跟……比较，怎么样?

8. 看来

(三) 根据下面的要求，进行口语练习

1. 谈谈当代中国年轻人有什么样的生活压力。

2. 谈谈你们国家年轻人找工作、买房等方面的情况。

3. 谈谈你们国家当代年轻人和上一代人有什么不同的地方。

(四) 读课文，学成语

réncái bèi chū
人才 辈 出

Capable persons come forth in great numbers

第五十三课　看电影，学文化

生词

听力部分

1.	集中	v., adj.	jízhōng	concentrate, centralize	乙
2.	痛快	adj.	tòngkuai	very happy, overjoyed	甲
3.	照常	adv.	zhàocháng	as usual	乙
4.	生命	n.	shēngmìng	life	乙
5.	偷偷	adv.	tōutōu	stealthily, secretly	乙
6.	本事	n.	běnshi	ability	乙
7.	代替	v.	dàitì	replace	乙
8.	鼓掌	v.o.	gǔ zhǎng	applause	乙
9.	抢	v.	qiǎng	grab	乙
10.	竞赛	v., n.	jìngsài	compete; competition	乙
11.	计算机	n.	jìsuànjī	computer	丙
12.	目的	n.	mùdì	purpose, aim, goal	乙
13.	友好	adj.	yǒuhǎo	friendly, amicable; close	甲
14.	收获	n., v.	shōuhuò	gains; harvest	乙
15.	铃铛	n.	língdāng	bell	
16.	摘	v.	zhāi	pick, pluck, take off	乙
17.	捂	v.	wǔ	cover; seal	

99

18. 传奇	n., adj.	chuánqí	classical-language tale	
19. 拍摄	v.	pāishè	take, shoot (a photograph, movie, etc.)	丙
20. 师父	n.	shīfu	tutor; address to a monk or nun	

会话部分

1. 杀	v.	shā	kill, murder	乙
2. 结合	v.	jiéhé	combine, unite	乙
3. 勇敢	adj.	yǒnggǎn	brave, courageous	乙
4. 精神	n.	jīngshén	spirit, mind, consciousness	甲
5. 不平	n., adj	bùpíng	unfair	乙
6. 因素	n.	yīnsù	factor, element	乙

▶ 专名

1. 澳门	Àomén	Macao
2. 加拿大	Jiānádà	Canada, Canadian
3. 成龙	Chéng Lóng	Jackie Chan
4. 李连杰	Lǐ Liánjié	Jet Li

第五十三课　看电影，学文化

本课新字

掌　抢　竞　铛　摘　捂　杀

听　力

一　听句子并选择正确答案

1. A. 爸爸的收入只有工资　　B. 爸爸工资很高
   C. 妈妈没有工作　　　　　D. 我们家生活不好

2. A. 气愤　　　　　　　　　B. 失望
   C. 怀疑　　　　　　　　　D. 难过

3. A. 小王把我推到老板前边　B. 小王让我替他跟老板说事情
   C. 小王不管自己的事情　　D. 我跟老板说自己的事情

4. A. 认真听课　　　　　　　B. 回答问题
   C. 想别的事情　　　　　　D. 自己学习

5. A. 外婆家很舒服　　　　　B. 外婆家的生活条件很好
   C. 我一直在外婆家生活　　D. 小时候在外婆家过得很好

6. A. 关心别人的人　　　　　B. 乱说别人事情的人
   C. 家里很乱的人　　　　　D. 说话不清楚的人

7. A. 我在宿舍里，没有出去　B. 丽丽和一个中国人在一起
   C. 丽丽坐出租车出去了　　D. 丽丽和男朋友约会去了

8. A. 平常不开　　　　　　　B. 春节时也不开
   C. 是留学生开的　　　　　D. 今年春节开放

9. A. 赚钱最多的是外国电影　B. 获奖的是外国电影
   C. 赚钱最多的是国产电影　D. 获奖的是国产电影

10. A. 不知道老王受伤了　　　B. 把老王送到了医院
    C. 非常感谢老王　　　　　D. 不想负担老王的医药费

101

听对话并选择正确答案

1. A. 张华做生意做得不好　　B. 张华不想跟我们合作
   C. 男的不适合做生意　　　D. 不能相信张华

2. A. 去英国旅行了　　　　　B. 经常跟外国朋友聊天
   C. 有一个朋友在英国　　　D. 旅行时带了一个笔记本电脑

3. A. 很熟　　　　　　　　　B. 不熟
   C. 关系不好　　　　　　　D. 不认识

4. A. 功夫挺好的　　　　　　B. 功夫是最厉害的
   C. 武打动作都让别人替他做　D. 很少亲自做危险动作

5. A. 他最拿手的是红烧鱼
   B. 他最喜欢的是红烧鱼
   C. 他酸菜鱼、鱼香肉丝也很拿手
   D. 他只会做三个菜

6. A. 34　　　　　　　　　　B. 40
   C. 54　　　　　　　　　　D. 64

7. A. 女的希望冬天早点儿结束　B. 三月就不冷了
   C. 男的觉得冷的时间并不长　D. 男的觉得这几天不冷

8. A. 表演得到了好评　　　　B. 成绩是靠大家得来的
   C. 没想到演得那么好　　　D. 有今天的成绩很不容易

9. A. 谁抢了小张的包　　　　B. 小张的包里有什么
   C. 小张为什么不能回家　　D. 是不是告诉警察了

10. A. 参加了一个国际竞赛　　B. 多数竞赛都能得奖
    C. 各方面都是个天才　　　D. 最喜欢数学

听短文并做练习

1. 听后选择正确答案

（1）A. 汉语　　　　　　　　B. 计算机
　　　C. 中国功夫　　　　　　D. 中国电影

（2）A. 中国人都会功夫　　　　　B. 中国的学校都教功夫
　　　C. 中国人很友好　　　　　　D. 中国人很迷中国的功夫明星
（3）A. 马特现在在南京学习
　　　B. 马特现在是上海大学的学生
　　　C. 马特是为了学中国功夫才来中国的
　　　D. 马特来到中国感到很遗憾

2. 听后回答问题
（1）那个人为什么想偷铃铛？那个铃铛在哪儿？
（2）那个人打算怎么偷铃铛？
（3）那个人偷到了铃铛了吗？为什么？
（4）那个人知道自己为什么被抓住了吗？你知道了吗？

3. 听后判断正误
（1）中央电视台和李小龙的女儿合作拍摄了《李小龙传奇》。（　　）
（2）《李小龙传奇》中演李小龙的是成龙。（　　）
（3）《李小龙传奇》讲述李小龙从出生到去世的整个过程。（　　）
（4）《李小龙传奇》在香港开拍。（　　）
（5）观众很喜欢看《李小龙传奇》。（　　）

会　话

课文

安德：王明，李连杰的电影《霍元甲》你看了没有？真是精彩，武打动作漂亮极了，最后把坏人全打死了。

王明：你就是这样理解武打电影的啊？打打杀杀看个热闹？

安德：不是吗？霍元甲的功夫多厉害！还有成龙，电影里的他又聪明又幽默，把坏人搞得到处乱转，非常有意思。

王明：说到中国电影，好像外国人都对武打的比较感兴趣。

安德：因为中国的武术确实很厉害。你看霍元甲瘦瘦的，却把外国的大力士都打倒了。成龙的对手也常比他高大得多。所以，外国人自然也就很感兴趣。

王明：这是一个方面。另外，中国武术有很长的历史，所以也包含了很多的中国传统文化。

安德：是不是包括坚强、勇敢的精神，还有什么"路见不平，拔刀相助"等等？

王明：是的，武术发展到今天，和电影的结合使它更受欢迎。人们在欣赏精彩的武打表演的同时，也能受到电影故事的教育。

安德：还有优美的风景，传奇的人物经历。

王明：对，这些都是武打片吸引人的重要因素。

安德：对了，王明，你给我推荐一个学武术的好地方吧！

王明：我们学校的体育馆就有武术训练班啊？

安德：是吗？教得好不好啊？

王明：当然好了，而且比外边的训练班要便宜一些，也很方便。

安德：那好，我这就去报名！

注释

(一)《霍元甲》 *Huo Yuanjia*

由李连杰主演的一部武打电影，于2006年1月上映。影片讲述了霍元甲从一个平常的习武男孩儿成长为一代武学宗师的故事。霍元甲创立了精武门（学习中国武术的组织，传播中国武术的武馆），并连续打败了俄、英等国的大力士以及日本武士，为当时的中国人出了一口气。

This is a kung fu film in which Jet Li acted as the leading pole. It was shown in January of 2006. It tells a story about Huo Yuanjia, who was grown up from a naive boy into a master of marchal arts. Huo Yuanjia founded Jingwumen, a place of studying and spreading Chinese marchal arts. He defeated the giants from Russia, UK and also the Japanese knight, which makes Chinese people feel very proud.

(二) 路见不平，拔刀相助 Help the poor in unjust

比喻碰到不公平的事情时，主动站出来主持公道或提供帮助。

When a man encounters something injust, he pulls out his knife to help the one bullied, though they are not acquaintances.

练习

(一) 根据课文内容回答问题

1. 安德觉得电影《霍元甲》怎么样?
2. 为什么外国人对中国的武打电影感兴趣?
3. 武打电影吸引人的因素有哪些?
4. 安德觉得多看武打电影有什么好处?
5. 王明给安德推荐了一个什么地方学武术?为什么?

(二) 用所给的词语或格式各说一句话

1. 看热闹
2. 把……搞得……
3. 说到……
4. 确实
5. ……的同时,……
6. 怎么,你想……?

(三) 根据下面的要求,进行口语练习

1. 你看过中国的武打电影吗?能不能说出电影的名字并讲讲其中一个电影故事?
2. 你知道哪些中国武打电影演员?能不能说说其中一个你喜欢的?
3. 你觉得中国的武打电影怎么样?你们国家有吗?

(四) 读课文,学成语

dāo guāng jiàn yǐng
刀 光 剑 影

The light of knife and the shadow of sword

第五十四课　该吃的吃，该喝的喝

生词

听力部分

1. 大量	adj.	dàliàng	large number		乙
2. 顺便	adv.	shùnbiàn	conveniently, in passing		乙
3. 墙壁	n.	qiángbì	wall		丙
壁	n.	bì	wall		丙
4. 青菜	n.	qīngcài	green vegetable		丙
5. 要紧	adj.	yàojǐn	vital, important, essential		乙
6. 浇	v.	jiāo	pour liquid on, sprinkle		丙
7. 卫生	n., adj.	wèishēng	sanitation		乙
8. 镜子	n.	jìngzi	mirror, looking glass		乙
9. 干活	v.o.	gàn huó	work on sth		乙
10. 削	v.	xiāo	pare with a knife		乙
11. 黄瓜	n.	huángguā	cucumber		乙
12. 还价	v.o.	huán jià	abate a price		
13. 小朋友	n.	xiǎopéngyou	child, little girl or boy		乙
14. 咬	v.	yǎo	bite		乙
15. 理	v.	lǐ	answer, respond		丙
16. 近视	n.	jìnshì	myopia; shortsighted		丁

107

17.	眯	v.	mī	narrow one's eyes; nap	丙
18.	歪	adj., v.	wāi	askew, crooked, inclined	乙
19.	亩	m. (n.)	mǔ	a measure word for farmland	乙
20.	田	n.	tián	field, farmland	乙
21.	禾苗	n.	hémiáo	grain seedling	

会话部分

1.	馒头	n.	mántou	steamed bun, steamed roll	乙
2.	科技	n.	kējì	science and technology	丙
3.	食品	n.	shípǐn	foodstuff, food, provisions	乙
4.	坏处	n.	huàichu	harm, disadvantage	乙
5.	严格	adj.	yángé	strict, rigorous, rigid	乙
6.	合格	adj., v.	hégé	qualified, up to standard	丙
7.	程度	n.	chéngdù	extant, level, degree	乙

本课新字

第五十四课　该吃的吃，该喝的喝

听　力

听句子并选择正确答案

1. A. 最近感冒了　　　　　　　B. 发烧很厉害
   C. 觉得自己没病　　　　　　D. 没想到自己会得癌症
2. A. 妻子常跟他吵架　　　　　B. 妻子要跟他离婚
   C. 他很生妻子的气　　　　　D. 他觉得妻子的抱怨没什么
3. A. 说话很好听　　　　　　　B. 会说外语
   C. 对外国人很热情　　　　　D. 很爱说话
4. A. 生病了　　　　　　　　　B. 心不好
   C. 只买不好的菜　　　　　　D. 只买新鲜的菜
5. A. 人们的收入都很多　　　　B. 所有的商店都打折
   C. 商场的顾客比平时多一倍　D. 商场赚的钱比平时多一倍
6. A. 去超市　　　　　　　　　B. 自己去买报纸
   C. 换衣服　　　　　　　　　D. 请别人帮忙
7. A. 着急　　　　　　　　　　B. 安慰
   C. 气愤　　　　　　　　　　D. 鼓励
8. A. 小林的丈夫现在没有工作　B. 小林和丈夫一起做生意
   C. 小林家越来越有钱了　　　D. 小林家做钱包生意
9. A. 还没大学毕业　　　　　　B. 不是名牌大学的毕业生
   C. 找工作时碰到很多人　　　D. 现在还没找到工作
10. A. 空姐　　　　　　　　　　B. 职员
    C. 找工作的人　　　　　　　D. 在机场工作的人

听对话并选择正确答案

1. A. 黄瓜打过药　　　　　　　B. 黄瓜没有洗干净
   C. 男的要给黄瓜削皮儿　　　D. 女的很讲究卫生

2. A. 抽烟对身体不好 B. 抽烟没关系
   C. 抽烟是一种坏习惯 D. 抽烟最后肯定要生病
3. A. 女的考试的时候帮助同学了 B. 男的觉得女的做得不对
   C. 女的的同学常常考不及格 D. 女的的同学这次考得很好
4. A. 长得很快 B. 长得很有精神
   C. 需要人的照顾 D. 不能天天浇水.晒太阳
5. A. 有个人偷偷喜欢男的的妹妹
   B. 那个人条件远不如男的的妹妹
   C. 约会前应该先照照镜子
   D. 男的的妹妹看不上那个人
6. A. 夫妻 B. 同事
   C. 顾客和售货员 D. 司机和乘客
7. A. 男的要参加HSK辅导 B. 女的把书送给男的了
   C. 男的不用把书还给女的了 D. 女的不需要HSK辅导书了
8. A. 男的做了很多好事
   B. 男的是年轻人，应该多加班
   C. 男的刚工作，多做点儿事有好处
   D. 男的吃点儿亏不是大事
9. A. 男的家 B. 女的家
   C. 男的办公室 D. 女的办公室
10. A. 男的给女的带来了很多麻烦 B. 男的帮助了女的
    C. 男的和女的很熟 D. 大伟可能是男的和女的的孩子

听短文并做练习

1. 听后选择正确答案
   （1）A. 年轻女孩子 B. 爸爸
        C. 妈妈 D. 大姐
   （2）A. 说菜的缺点 B. 说自己只有那么多钱
        C. 把钱藏起来 D. 假装不买了

第五十四课　该吃的吃，该喝的喝

（3）A. 一块　　　　　　　　B. 九毛
　　　C. 八毛　　　　　　　　D. 六毛
（4）A. "我"也想买豆腐　　　　B. 青菜被虫子咬过
　　　C. 青菜上面打过药　　　　D. 还价的时候我很生气

2. 听后判断正误
（1）眼睛太累了，所以得了近视，但不太厉害。　　　（　）
（2）眼睛想戴眼镜，但鼻子不同意。　　　　　　　　（　）
（3）没有眼镜，眼睛一点儿也看不见。　　　　　　　（　）
（4）眼睛看不清，鼻子先倒霉。　　　　　　　　　　（　）
（5）这个故事告诉我们，对别人好就是对自己好。　　（　）

3. 听后回答问题
（1）那个农民为什么要拔禾苗？他是怎么拔的？
（2）禾苗长高了吗？为什么？
（3）这个故事告诉我们一个什么道理？
（4）请用自己的话讲一下这个故事。

会　话

课文

老张：老刘，昨天电视上的新闻你看了吗？
老刘：什么新闻啊？
老张：就是那个"春花"牌面条啊，不能买了，里边增白的东西超标。
老刘：哦，我听说了。那你就不要买太白的面条嘛。

老张：还有太白的馒头、包子都不能吃，太好看的菜也不能买，说不定里边都放了东西。

老刘：你生活可真小心。

老张：不是我小心，你想，现在吃的东西放的时间那么长，里边儿能不加点儿东西吗？

老刘：是要加些保持新鲜的东西，但只要不超出标准，对人的身体都没坏处，都是安全的。世界上很多国家都是这么做的。

老张：但你不觉得现在肉啊，菜啊，味道都没有以前好了吗？不知道放了什么药呢。

老刘：没你说的那么严重，现在的检查还是挺严格的，这样就基本保证了食品的安全，毕竟吃是人最基本的一件事。

老张：我有时候自己安慰自己，可能过去也有很多东西有问题，但那时候不知道。现在科技发达了，才会发现很多问题，同时肯定也能解决这些问题。

老刘：你说的很对啊，所以吃东西不必那么紧张。

老张：那还是该吃的吃，该喝的喝。

第五十四课　该吃的吃，该喝的喝

 注释

该吃的吃，该喝的喝

意思是该吃饭的时候就吃饭，该吃什么就吃什么。本课暗含不必过于顾虑吃的东西有问题的意思，也可以指不必过于担心或放不下某人某事等。总之就是自己的生活不受影响。如：

This sentence means that when it is necessary to eat, eat as one should eat. It implies in the text that never mind the it is good or not. It also means do not worry too much about something. In a word, do not influence one's life, For example:

（1）虽然离婚了，但他还是该吃的吃，该喝的喝，好像什么事都没发生过一样。

（2）这个病不要紧，你该吃的吃，该喝的喝，不用担心。

练习

（一）根据课文内容回答问题

1. 昨天电视上有什么新闻？
2. 老张为什么觉得太白的馒头、太漂亮的菜都不能吃？
3. 老刘觉得吃的东西里边放东西了吗？有没有关系？
4. 老张为什么说现在吃的东西味道没有以前好？
5. 老刘为什么认为吃东西不必紧张？
6. 老张最后是怎么想通的？

（二）用所给词语或格式各说一组两句对话

1. ……就是了
2. 说不定
3. 不……不行
4. 居然

5. 不像话

6. 毕竟

7. 坏处

8. 该 A 的 A，该 B 的 B

9. ……通

(三) 根据下面的要求，进行口语练习

1. 根据课文简述人们对食品安全的担心。

2. 说说你们国家在食品安全方面的情况。

3. 对于食品安全，你有什么想法？

(四) 读课文，学成语

shānzhēn hǎiwèi

山珍　海味

Something very delicious to eat

第五十五课　复习(十一)

生词

听力部分

1.	表面	n.	biǎomiàn	surface	乙
2.	压	v.	yā	press; push down	乙
3.	脖子	n.	bózi	neck	乙
4.	亲	adj.	qīn	german	丙
5.	中心	n.	zhōngxīn	center, heart, core, hub	乙
6.	内	n.	nèi	in, inside, inner, internal	甲
	以内	n.	yǐnèi	within, less than	乙
7.	夸	v.	kuā	praise	丙
8.	雾	n.	wù	fog, mist, brume	乙
9.	竞争	v.	jìngzhēng	compete; emulation	丙
10.	运气	n.	yùnqi	luck, fortune; destiny, fate	丙
11.	同志	n.	tóngzhì	comrade	甲
12.	遵守	v.	zūnshǒu	abide	乙
13.	掌握	v.	zhǎngwò	grasp, master, know well	甲
14.	节省	v.	jiéshěng	economize, save, cut down	乙
15.	电池	n.	diànchí	(electric) cell, battery	丙
16.	驴子	n.	lǘzi	donkey	

115

17. 海绵	n.	hǎimián	sponge	
18. 吸	v.	xī	inhale, breathe in, absorb, suck up	乙
19. 淹	v.	yān	flood, submerge, inundate	丙
20. 真理	n.	zhēnlǐ	truth	乙
21. 特殊	adj.	tèshū	special, particular, unusual	乙
22. 双	m.(n.)	shuāng	pair	丙

会话部分

1. 晃	v.	huàng	rock, shake, sway; saunter, loaf	丙
2. 统计	n., v.	tǒngjì	statistics, census; add up, count	丙
3. 污染	v.	wūrǎn	pollute, contaminate	乙
4. 尾气	n.	wěiqì	tail gas	
5. 呼吸	v., n.	hūxī	breathe, respire; breath	乙
6. 适当	adj.	shìdàng	suitable, proper, appropriate	乙

▶ 专名

1. 纽约	Niǔyuē	New York
2. 巴黎	Bālí	Paris
3. 东京	Dōngjīng	Tokyo
4. 华盛顿	Huáshèngdùn	Washington, D.C.

第五十五课 复习(十一)

本课新字

脖 夸 雾 遵 守 驴 绵 淹 殊
污 尾

听 力

一 听句子并选择正确答案

1. A. 她只是表面上很高兴　　B. 她其实心里并不高兴
   C. 她还不知道那件事　　　D. 那件事是好事

2. A. 今天天气不好　　　　　B. 应该打车去上班
   C. 这会儿打不到车　　　　D. 出租车太挤

3. A. 鼓励　　　　　　　　　B. 抱怨
   C. 失望　　　　　　　　　D. 生气

4. A. 男人的生活很困难
   B. 男人的生活很不幸福
   C. 男人的妻子和母亲都没有工作
   D. 男人的妻子和母亲可能关系不太好

5. A. 老实地坐　　　　　　　B. 认真地做
   C. 伸长脖子　　　　　　　D. 看同学的

6. A. 买车票　　　　　　　　B. 换车票
   C. 买机票　　　　　　　　D. 换机票

7. A. 汽车太贵　　　　　　　B. 用车太贵
   C. 有钱买汽车　　　　　　D. 没钱买汽车

8. A. 是亲姐妹　　　　　　　B. 是一般朋友
   C. 关系很好　　　　　　　D. 长得很像

9. A. 现在是下午　　　　　　　　　　B. 图书馆的位子很少
　　C. 可能在图书馆学习的人很多　　D. 小红去图书馆比较晚
10. A. 5%　　　　　　　　　　　　　B. 40%
　　C. 45%　　　　　　　　　　　　D. 55%

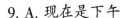 **听对话并选择正确答案**

1. A. 男的生病了　　　　　　　　　B. 路上结冰了
　C. 外边下雪了　　　　　　　　　D. 自行车摔坏了
2. A. 女孩儿写了很多字　　　　　　B. 女孩儿觉得自己的字不错
　C. 女孩儿写的字很漂亮　　　　　D. 女孩儿不需要练字
3. A. 男的是小江的哥哥　　　　　　B. 男的是小江的男朋友
　C. 男的和小江之间有误会　　　　D. 小江有一个非常好的男朋友
4. A. 今天有雾，汽车不能开　　　　B. 男的和女的坐火车去上海
　C. 男的原来打算坐汽车　　　　　D. 他们晚上才能到上海
5. A. 女的比男的运气好　　　　　　B. 女的比男的厉害
　C. 女的很谦虚　　　　　　　　　D. 十几个人都比不过女的
6. A. 骑车人　　　　　　　　　　　B. 坐车人
　C. 路人　　　　　　　　　　　　D. 警察
7. A. 地铁上　　　　　　　　　　　B. 火车上
　C. 公共汽车上　　　　　　　　　D. 长途汽车上
8. A. 排队　　　　　　　　　　　　B. 等车
　C. 坐车　　　　　　　　　　　　D. 买票
9. A. 家里　　　　　　　　　　　　B. 车里
　C. 医院里　　　　　　　　　　　D. 药店里
10. A. 不会好了　　　　　　　　　　B. 也有好的可能
　　C. 不要相信医生说的话　　　　　D. 医生也说不准

第五十五课　复习（十一）

听短文并做练习

1. 听后选择正确答案

（1）A. 10 分钟　　　　　　　B. 20 分钟
　　　C. 25 分钟　　　　　　　D. 30 分钟

（2）A. 省时　　　　　　　　　B. 省力
　　　C. 省钱　　　　　　　　　D. 锻炼身体

（3）A. 八百　　　　　　　　　B. 两千
　　　C. 两千五　　　　　　　　D. 两千八

（4）A. 有两把锁　　　　　　　B. 一定要用电池才能骑
　　　C. 电池是在单位被偷的　　D. 电池要放在家里才安全

2. 听后判断正误

（1）驴子背着盐过河，倒在水里，盐全化掉了。　　　　　（　　）

（2）驴子背着海绵过河，又不小心摔倒在水里。　　　　　（　　）

（3）河水很深，所以驴子最后淹死在水里。　　　　　　　（　　）

（4）很多人跟驴子一样，只相信经验。　　　　　　　　　（　　）

（5）人们应该随着条件、环境的改变而采取不同的方法。　（　　）

3. 听后选择正确答案

（1）A. 一个　　　　　　　　　B. 两个
　　　C. 三个　　　　　　　　　D. 四个

（2）A. 纽约　　　　　　　　　B. 华盛顿
　　　C. 巴黎　　　　　　　　　D. 东京

（3）A. 私车停在郊外　　　　　B. 公交车送官员上下班
　　　C. 私车分单双号进城　　　D. 上下班都坐地铁

（4）A. 公交车　　　　　　　　B. 地铁
　　　C. 私家车　　　　　　　　D. 出租车

119

会 话

课文

小张：你每天早晨怎么上班？

小王：当然是骑车。上班高峰路上堵得要命，坐车肯定不如骑车快。

小张：你家离单位近。要是住得远，十公里八公里的，骑车要一个小时，就必须得坐车了。

小王：是啊，我们单位很多同事住得远，只得坐公交车。每天要在车上晃一两个小时，要是我，肯定受不了。

小张：坐公交车比较经济，但却很不方便，远的地方要换车，等车的时间长，车上还挤得不行。

小王：另外，市里公交车的速度也越来越慢，我看过一个统计，平均车速每小时只有十公里，自行车每小时还有十二公里呢。

小张：是啊，公共交通让人失望也是很多人买私家车的一个重要原因。

小王：可现在的私家车越来越多，大家都开着车跑到大街上，马路上也就越来越堵。

小张：另外，停车也是个大问题。你看，这大街都成了停车场了。车子停在马路两边，不但占了马路上很多地方，而且也带来很多安全问题。

小王：是啊，现在满大街的汽车，难闻的尾气对身体很不好，空气污染也越来越严重。

小张：我们国家应该学习学习外国的经验，进一步发展公共交通，适当控制私家车的数量。大家都主动去坐公交车，不开私家车。

小王：说起来容易，做起来难啊。

练习

（一）根据课文内容回答问题

1. 小王去单位为什么骑自行车？
2. 小王家离单位有多远？
3. 现在大家出门是不是会首先选择坐公交车，为什么？
4. 为什么马路上越来越堵？
5. 私家车有哪些问题？
6. 应该学习外国的什么经验？

（二）用所给的词语或格式各说一句话或一组对话

1. 当然是……
2. ……得要命
3. ……肯定不如……
4. 受不了
5. 平均
6. 说起来
7. 失望

(三) 根据下面的要求，进行口语练习

1. 谈谈你对中国交通状况的印象。
2. 跟一个外国朋友聊聊各自国家的交通状况。
3. 在你们国家，人们主要的交通工具是什么？为什么？
4. 你喜欢哪种交通工具？谈谈它的优缺点。

(四) 读课文，学成语

chē shuǐ mǎ lóng
车 水 马 龙

There are a lot of people and vehicles in the street

听力录音文本与参考答案

第四十一课　我要挂失

一、听句子并选择正确答案

1. 听说考试没通过，他难过死了。
   问：下面哪句话是对的？（B）
   A. 他有点儿难过　　　B. 他非常难过　　　C. 他难过得死了

2. 小明，你东看西看的干什么？不做作业啦？
   问：说话人是什么意思？（C）
   A. 问小明在看什么
   B. 问小明作业做完了没有
   C. 批评小明学习不专心

3. 你要知道，不是所有的人都像你这么想的。
   问：说话人是什么意思？（C）
   A. 没有人跟你一样想
   B. 没有人跟你想得不一样
   C. 有人可能跟你想得不一样

4. 钱包丢了，报案有什么用？
   问：说话人是什么意思？（A）
   A. 认为报案没有用　　　B. 问为什么报案　　　C. 问报案说什么

5. 我的词典找了这么长时间都没找到，我看八成是丢了。
   问：说话人觉得他的词典怎么样了？（B）
   A. 一定丢了　　　B. 很可能丢了　　　C. 不太可能丢了

6. 波伟总是丢三落四的，今天麻烦了，连自己的护照也找不着了。
   问：说话人认为波伟是个怎样的人？（C）
   A. 认真的人　　　B. 热情的人　　　C. 马虎的人

7. 看起来老师今天不太舒服。
   问：下面哪种说法是正确的？（B）
   A. 他认为老师身体很糟糕
   B. 他觉得老师身体不太好
   C. 他听说老师身体不舒服

8. 糟糕，我的手机让小偷给偷走了，里面有一百多个电话号码呢，这可怎么办？

   问：说话人是什么语气？（A）

   A. 着急　　　　　　　B. 失望　　　　　　　C. 吃惊

9. 这两天闷得要命，马上就周末了，我们出去转转吧。

   问：下面哪种说法可能是对的？（C）

   A. 今天是星期天　　　B. 他最近心情很好　　C. 周末他不在宿舍

10. 观众朋友们，今天"第一时间"的读报节目到这儿就结束了，我们明天再见。

    问：说话人是干什么的？（B）

    A. 广播节目主持人　　B. 电视节目主持人　　C. 报纸记者

二、听对话并选择正确答案

1. 男：饿死了，有什么吃的吗？

   女：想吃什么，我给你做去。

   问：这段对话最可能发生在什么地方？（A）

   A. 家里　　　　　　　B. 饭店　　　　　　　C. 食堂

2. 男：你知道吗？青河大桥长 1170 米呢！

   女：那有什么，南京长江大桥比它长 400 多米呢！

   问：女的是什么意思？（A）

   A. 觉得没什么　　　　B. 感到很失望　　　　C. 觉得很激动

3. 男：孩子发烧十来天了，药也吃了，针也打了，烧就是退不下来，我们都急死了。

   女：先做个检查吧。

   问：两人是什么关系？（C）

   A. 医生和护士　　　　B. 医生和病人　　　　C. 医生和家长

4. 男：蓝吉，你怎么这么不高兴？

   女：别提了，张文的新自行车让我给弄丢了。

   问：从对话可以知道什么？（B）

   A. 张文把自行车丢了

   B. 蓝吉把张文的自行车丢了

   C. 张文把蓝吉的自行车丢了

5. 男：李小姐，我们报纸的读者想知道，参加这么重要的演出，你准备怎么做呢？

   女：我相信导演。我认为最重要的是表演出导演心里想的东西。

   问：男的很可能是什么人？（B）

   A. 读者　　　　　　　B. 记者　　　　　　　C. 导演

6. 男：您好，有什么需要帮助的吗？
   女：我在你们行办的卡丢了，我要挂失。
   问：对话可能发生在什么地方？（A）
   A. 银行　　　　　B. 邮局　　　　　C. 派出所

7. 男：你的自行车是什么样的？
   女：红色的女孩子骑的那种车。
   问：对话中没有提到自行车的什么？（B）
   A. 颜色　　　　　B. 价格　　　　　C. 样子

8. 男：你干什么了？看起来一副累得要命的样子。
   女：还不是忙公司的事情！昨天开夜车了。
   问：从对话可以知道什么？（C）
   A. 女的昨天开了一晚上车
   B. 女的昨天在忙自己的事情
   C. 女的昨天晚上可能没睡觉

9. 男：一件衬衫260块钱太贵了，便宜点儿吧。
   女：好吧，给你打个八折，八块钱也不要了，怎么样？
   问：男的可能多少钱买这件衬衫？（A）
   A. 200元　　　　B. 208元　　　　C. 260元

10. 男：听说你们班李明爱会打乒乓球，打得怎么样啊？
    女：有两下子。听说她小时候学过挺长一段时间。
    问：女的认为李明爱乒乓球打得怎么样？（C）
    A. 只会打一点儿　　B. 打得还可以　　C. 打得很不错

三、听对话或短文并做练习

1. 听后选择正确答案

头疼死了

男：今天晚上咱们去外面吃饭，好不好？去试试那家刚开的韩国饭店。
女：我什么都不想吃。
男：怎么啦？胃又不舒服了吗？
女：不是。头疼，疼死了。好像还有点儿发烧。
男：可能是感冒了，最近感冒的人很多。那就早点儿休息吧。我让妈妈给你做点儿稀饭。或者带你去医院看看，好吗？
女：不用了。明天公司有个重要的会议，我要准备资料。

男：要注意身体，你这么不舒服就不要工作了。要是不行，明天的会也别去了。
女：那可不行，这次会议很重要。

(1) 关于女的，下面哪一种说法是对的？（A）
    A. 不想吃饭   B. 不想去饭店吃饭   C. 不想去韩国饭店吃饭
(2) 女的可能怎么啦？（B）
    A. 胃疼   B. 得了感冒   C. 在发高烧
(3) 从对话不能知道什么？（C）
    A. 这次会议很重要   B. 女的要参加明天的会   C. 女的是公司的经理
(4) 男的和女的可能是什么关系？（C）
    A. 同学   B. 朋友   C. 夫妻

2. 听后选择正确答案

它看起来像什么？

有一天，在一个热闹的市场上，一个胖男人正在卖一头很大的大象。一个瘦男人走过来开始认真地观察大象。胖男人变得有些紧张，就走过去在他耳朵边轻轻说："在我卖掉大象之前，跟这头大象有关系的事，你什么也别说。如果你答应我的要求，我就给你一些肉。" 瘦男人奇怪地看了他一眼，然后点点头说："好。"胖男人卖掉大象后，给了瘦男人一些肉，接着问他："你是怎么发现大象的耳朵有毛病的？""啊？大象的耳朵有毛病吗？"瘦男人吃惊地问。"啊？你没发现吗？那你为什么看得那么仔细？"胖男人也很吃惊。瘦男人回答："因为我以前从来没有见过大象，所以我想多看几眼。"

(1) 谁正在卖大象？（B）
    A. 瘦男人   B. 胖男人   C. 瘦男人和胖男人
(2) 胖男人要求瘦男人在他卖掉大象以前怎么样？（A）
    A. 不要谈大象   B. 给他一些肉   C. 认真地看大象
(3) 瘦男人为什么看得那么仔细？（C）
    A. 他喜欢大象
    B. 他在看大象有什么毛病
    C. 他从来没见过大象
(4) 关于这头大象，我们可以知道什么？（B）
    A. 没有耳朵   B. 耳朵有问题   C. 生病了

听力录音文本与参考答案

3. 听后选择正确答案

警察·五

在英国，有一些关于警察工作的电视节目很有意思，也很有用处。

伦敦有一个电视节目叫"警察·五"。这个节目每星期放一次，每次五分钟，一位电视记者会在节目里告诉大家最近在伦敦发生的案件。有些人丢了画、汽车或者其他东西，记者就给大家看这些东西的照片。如果人们看到这些照片的时候想起来什么的话，就可以给警察打电话。有了大家的帮助，警察就可以抓到更多的小偷。有时候，警察发现了被偷的汽车或者其他东西，但是不知道是谁的，电视记者就在节目里给人们看这些东西，丢东西的人如果看到了就可以去警察那儿领取了。

（1）从文章看，这个节目叫"警察·五"可能是因为什么？（C）
　　A. 节目在每星期五　　B. 节目里有五个警察　　C. 节目一次放五分钟
（2）这个电视节目是关于什么的？（B）
　　A. 汽车　　　　　　B. 案件　　　　　　　　C. 照片
（3）下面哪个不是这个节目的作用？（B）
　　A. 要得到人们的帮助
　　B. 让电视观众觉得有意思
　　C. 找到丢东西的人
（4）当丢失的东西被找到后，警察通过电视节目做什么？（A）
　　A. 让丢东西的人来领　　B. 抓住小偷　　　　C. 给大家看照片

第四十二课　我想租一套房子

一、听句子并选择正确答案

1. 房间里电话、空调、电视、冰箱什么的都有。
　　问：下面哪样东西是句子里没提到的？（C）
　　A. 空调　　　　　　B. 电冰箱　　　　　　C. 电脑
2. 来南京有一段时间了，他对南京慢慢熟悉起来。
　　问：他现在对南京熟悉吗？（B）
　　A. 不熟悉　　　　　B. 比较熟悉　　　　　C. 很熟悉
3. 这件事儿我的看法你已经知道了，你也可以征求一下大家的意见。
　　问：说话人是什么意思？（C）
　　A. 我同意这件事　　B. 你知道大家的意见　　C. 你问问大家的看法

127

4. 小王这个小伙子工作效率特别高，而且质量也不错。（A）
   问：说话人觉得小王工作做得怎么样？
   A. 又快又好　　　　　B. 快，但是马虎　　　　C. 慢，但是认真

5. 我现在在外面租房子住，房租是八百，其他生活费在一千块钱上下。
   问：他现在花在生活上的钱大概是多少？（C）
   A. 八百多块钱　　　　B. 一千块钱左右　　　　C. 两千块钱上下

6. 他现在一个月生活费加交通费一千五百块钱左右，房租一千块，加在一起比住在学校要多花五六百块钱。
   问：他住在学校一个月大概花多少钱？（B）
   A. 一千五百块钱左右　B. 两千块钱左右　　　　C. 两千多块钱

7. 那套房子里一般的家具和电器都有，这样，他住进去就很方便了。
   问：下面的说法哪一种是最正确的？（B）
   A. 他现在住在那套房子里
   B. 他可能住到那套房子里去
   C. 他很快就要住到那套房子里去了

8. 这套房子的房租是一万二一年，中介费跟一个月的房租一样。
   问：这套房子的中介费是多少？（A）
   A. 一千块钱　　　　　B. 一千二百块钱　　　　C. 一千五百块钱。

9. 住校外，要比住宿舍早起一个小时左右，最晚六点半就要起床了。
   问：住宿舍最晚可以几点起床？（C）
   A. 六点半　　　　　　B. 七点左右　　　　　　C. 七点半左右

10. 这两年苏州的房价涨得真快，几乎都有南京这么高了。
    问：关于苏州的房价，下面哪种说法是正确的？（A）
    A. 和南京差不多高　　B. 和南京一样高　　　　C. 比南京高

二、听对话并选择正确答案

1. 女：张先生吗？我是租房子的小李。热水器坏了，您能不能来看看？
   男：可以。你什么时候方便？
   问：张先生是什么人？（B）
   A. 修理的工人　　　　B. 房东　　　　　　　　C. 租别人房子的人

2. 男：你跟张文熟悉吗？
   女：接触过，但是不熟。
   问：下面哪种说法可能是正确的？（B）
   A. 女的没听说过张文　B. 女的跟张文说过话　　C. 女的不喜欢张文

3. 男：咱们的房子最少租一千五百块钱一个月吧。
   女：不一定。现在房子可不太容易租出去。
   问：两人可能是什么关系？（A）
   A. 丈夫和妻子　　　B. 房东和租房子的人　　　C. 房东和中介公司的人

4. 男：你想找什么样的房子呢？
   女：周围安静一点儿，离孩子的学校要近一点儿，当然，房租不要太高。
   问：女的租房子的条件中没有说到什么？（C）
   A. 环境　　　B. 价格　　　C. 交通

5. 男：听说你住到学校外面去了，感觉怎么样？
   女：酸甜苦辣都有啊，有时间我慢慢跟你说。
   问：女的觉得住在校外怎么样？（B）
   A. 很不好　　　B. 有好有坏　　　C. 很好

6. 男：老王今天告诉我说，他们要搬到女儿家附近去住了。
   女：一起住了这么多年了，真有点儿舍不得。
   问：下面哪种说法是正确的？（A）
   A. 老王是他们的邻居
   B. 他们跟老王家关系一般
   C. 老王他们以后跟女儿一起住

7. 男：最近你们家老张在忙什么？
   女：不知道他怎么了，学起书法来了。
   问：从对话可以知道什么？（C）
   A. 老张的书法非常漂亮
   B. 男的和老张关系很好
   C. 老张是女的的丈夫

8. 男：最近顾客对公司有什么意见吗？
   女：我正打算下星期让小张和小王分别去上海和苏州了解了解情况呢！
   问：下星期谁去上海？（A）
   A. 小张　　　B. 小王　　　C. 小张和小王

9. 女：听说对面马上搬进来的两口子很年轻，不知道好不好处。
   男：无所谓。好，就多聊聊；不好，少聊聊就是啦。
   问：关于新邻居，下面哪种说法是正确的？（A）
   A. 是小两口儿　　　B. 女的不太喜欢　　　C. 男的很担心

10. 男：妈妈，从下个月开始，我想自己出去租房子住了。

女：唉，小鸟长大了，要自己飞啦！

问：女的是什么语气？（C）

A. 很高兴　　　　B. 非常气愤　　　　C. 有点儿难过

三、听对话或短文并做练习

1. 听后选择正确答案

上课

男：喂，钱老师吗？我是笑笑的爸爸。

女：啊，您好，张先生！

男：钱老师，上次跟您说的事情不知道怎么样了？

女：我正要给您打电话呢。我已经跟艺术学校的老师联系好了，这个周末笑笑就可以去上课了。他什么时候有空儿？

男：星期六上午他有数学和英语课。别的时间都可以。

女：那就星期六下午吧，先上画画课，再上书法课。这样你们只需要跑一次，而且星期天孩子可以做做作业、休息休息。教画画的老师姓李，书法老师姓王。

男：太好了！另外，钱老师，不好意思，上课的钱怎么说？

女：一般呢，是一门课一次120块钱。您是我的朋友，所以李老师很客气，只收100块钱。王老师也一样。

男：真是太感谢您了！

(1) 孩子可能姓什么？（A）

A. 张　　　　　　B. 江　　　　　　C. 钱

(2) 孩子什么时候去上书法课？（B）

A. 星期六上午　　B. 星期六下午　　C. 星期天

(3) 教画画的老师是谁？（C）

A. 钱老师　　　　B. 王老师　　　　C. 李老师

(4) 孩子去艺术学校上一次课需要付多少钱？（C）

A. 100块　　　　B. 120块　　　　C. 200块

2. 听后选择正确答案

房子

张老师1956年毕业后，留在学校工作了40年。说到这些年自己住的房子的变化时，他十分激动。以前，老师住的房子是学校分配的。张老师1958年结婚时，学校没有房子。他只好借了一间学生宿舍，但只能借一个月。一两年后，情况好了一点儿，他有了自己的家。那是和别的教师一起住的一套房子，有两个房间，一家一间，没有客厅。在那里，他住了五六年。后来，学校的情况好起来了，他的房子也变成了20平方米上下的一个一室一厅。但那时候，他有了孩子，他妈妈也来了，他们一家五口人一起住，所以房子还是太小。后来，他住的房子越来越好。现在，他住的是一套面积90多平方米的房子。明年或者后年，在他70岁左右的时候，他将住进一套有四个房间的新房子里。

（1）张老师现在多大年纪？（C）

  A. 四十多岁　　　　B. 五十多岁　　　　C. 七十岁上下

（2）他结婚的时候住的是什么样的房子？（A）

  A. 一间宿舍　　　　B. 一个自己的房间　　C. 一室一厅

（3）他在自己的第一个家里住了多长时间？（C）

  A. 一个月　　　　　B. 一两年　　　　　C. 五六年

（4）他有几个孩子？（A）

  A. 两个　　　　　　B. 三个　　　　　　C. 五个

3. 听后判断正误

男人和女人

一个男人开的车跟一个女人开的车撞了，他们俩的车都坏得很厉害，但是他们俩却一点儿也没受伤。两个人从车里爬出来，女人看了看两辆车后对男人说："真是不能相信，汽车撞得这么厉害，我们却没有受伤，这一定是上帝的安排，它让我们认识，并且成为朋友。"

"是啊，这一定是上帝安排的，你说得一点儿都不错。"男人回答。

"还有一件让人不能相信的事情，"女人从车里拿出一瓶红葡萄酒，接着对那个男人说，"汽车全都坏了，可是这瓶酒却好好儿的。上帝一定是让我们用它来喝酒庆祝的。"说完，把红酒给了男人。男人打开瓶子，喝了一半以后把酒给了女人，但是女人没有去拿酒瓶。

男人很奇怪，问她："你不喝一点儿吗？"

女人笑着回答说："不用了，我现在只想等警察快点儿来……"

（1）女人的车坏得不严重。　　　　　（×）

（2）男人和女人是朋友。　　　　　　（×）

（3）男人完全同意女人的话。　　　　　（√）

（4）女人为了庆祝带了一瓶酒。　　　　（×）

（5）男人被女人骗了。　　　　　　　　（√）

第四十三课　怎么点中国菜？

一、听句子并选择正确答案

1. 他把小王的同屋小李看成了小钱。

   问：他看见了谁？（B）

   A. 小王　　　　　B. 小李　　　　　C. 小钱

2. 刚才大家吵吵闹闹的，你说的话我一句也没听清楚。

   问：说话人听清楚了吗？（A）

   A. 都没听清楚　　B. 没都听清楚　　C. 有一句话没听清楚

3. 刚到那个学校工作时，小张谁都不认识，觉得特别孤独，现在情况大不一样了。

   问：下面哪种说法可能是正确的？（C）

   A. 小张刚到那个学校工作

   B. 有些同事小张不认识

   C. 小张现在不孤独了

4. 这个人我想不起来他的姓名了，但我曾经和他一起吃过饭，应该是哪个大学的教授。

   问：关于这个人，下面哪种说法可能是错的？（C）

   A. 我忘了他的名字了　　B. 我知道他的职业　　C. 我可能见过他

5. 我妈妈做的菜啊，没说的！保证吃得你路都走不动。

   问：说话人觉得妈妈做的菜怎么样？（A）

   A. 好得很　　　　B. 很不好　　　　C. 没什么好的

6. 晚会原来定在新年前一天晚上举行，现在要提前几天。

   问：晚会可能哪天举行？（A）

   A. 27号　　　　　B. 30号　　　　　C. 31号

7. 从我们学校到机场一个来回大概要两个小时。

   问：从学校到机场大概多长时间？（B）

   A. 半个小时　　　B. 一个小时　　　C. 两个小时

8. 有人说，用一种特别的方法可以把水变成油，这在科学上是根本不可能的。

   问：说话人是什么语气？（C）

   A. 奇怪　　　　　B. 怀疑　　　　　C. 肯定

9. 那天跟朋友吃饭的时候，我闹了一个笑话。

问：说话人那天怎么了？（C）

A. 跟别人开了一个玩笑

B. 他说了一个有意思的故事

C. 发生了可笑的错误

10. 小王，你怎么了？看起来像三天没睡觉一样。

问：从这句话可以知道什么？（A）

A. 小王好像很累　　　B. 小王想睡觉　　　C. 小王已经三天没睡觉了

二、听对话并选择正确答案

1. 男：我要一个鱼、一个炒西红柿和一碗米饭。

女：对不起，你饭卡上的钱不够了。

问：对话可能发生在什么地方？（B）

A. 饭馆儿　　　B. 食堂　　　C. 茶社

2. 男：喝茶可以吗？红茶还是绿茶？

女：红茶吧。绿茶春天和夏天喝比较好。现在太冷了，喝红茶舒服点儿。

问：现在最可能是什么季节？（C）

A. 春天　　　B. 秋天　　　C. 冬天

3. 男：小文，昨天跟你一起逛商场的那个帅小伙子是谁啊？

女：哈哈，你把他当成我男朋友了吧？你没发现他跟我长得很像吗？

问：关于那个小伙子，从对话可以知道什么？（C）

A. 长得一般　　　B. 是小文的男朋友　　　C. 可能是小文的兄弟

4. 男：明天的讨论会几点开啊？

女：明天不是才1号吗？我知道了，你把7号听成1号了吧？

问：下面哪种说法是正确的？（A）

A. 7号要开会　　　B. 明天不是1号　　　C. 明天有讨论会

5. 男：这种酒很不错，你来点儿试试吧。

女：我喝啤酒、红酒都会醉，白酒就更不行了。

问：男的想让女的喝什么酒？（B）

A. 啤酒　　　B. 白酒　　　C. 红酒

6. 男：不是说南方人都喜欢吃甜的东西吗，你怎么不喜欢呢？

女：是啊，我小时候是很喜欢吃甜的。可是出来时间长了，生活习惯就变了。

问：关于女的，下面哪种说法是正确的？（A）

A. 是南方人　　　B. 最近出差了　　　C. 喜欢吃甜的东西

133

7. 女：马上就是父亲节了，你给你爸爸送什么礼物呢？烟还是酒？

   男：抽烟对身体不好；酒呢，虽然我爸爸喜欢，但好的都很贵，我没那么多钱。我是学生，我看，努力学习才是最好的礼物。

   问：关于父亲节的礼物，男的是什么意思？（C）

   A. 烟和酒都不好　　　　B. 可以买便宜一点儿的酒　　　C. 不用送

8. 男：张大姐，跟小王谈恋爱的事儿，我还要再想想。

   女：小王人长得漂亮，工作又认真，尤其重要的是，性格特别好。你还想什么呀！

   问：女的觉得小王在哪一点上最好？（C）

   A. 样子　　　　　　　　B. 工作　　　　　　　　　　　C. 性格

9. 男：你知道吗？我有两个朋友，他们俩的生日是同一天，更让人不能相信的是，他们俩的孩子的生日也是同一天。

   女：天啊！世界上还有这样的事！

   问：女的是什么语气？（B）

   A. 兴奋　　　　　　　　B. 惊奇　　　　　　　　　　　C. 激动

10. 男：蓝吉，张老师让咱们到他家去玩儿，你知道怎么走吗？

    女：知道，我去过一次。先在学校门口坐3路车到北京西路；接着换11路或者56路，在中山路下；下车以后往东走，过了中山体育馆就是。

    问：下面哪种说法是对的？（A）

    A. 去张老师家要换一次车

    B. 去张老师家要换两次车

    C. 中山体育馆在张老师家东边

三、听对话或短文并做练习

1. 听后选择正确答案

可以点菜了吗？

女：先生，可以点菜了吗？

男：可以。小姐，你们店大师傅的拿手菜是什么？

女：我们店的烤鸭做得很不错。

男：好，那就要一个烤鸭。再要一个鱼吧。

女：我们的酸菜鱼很有名。

男：已经有一个比较油的菜了，要一个清淡一点儿的鱼吧。

女：清蒸鱼或者炒鱼片不太油。

男：要鱼片吧，完整的鱼吃起来太麻烦。再要一个炒蘑菇。

女：还要别的吗？

男：我看看。如果一人一个菜的话，还得再要一个，要鱼香肉丝。另外，汤要西红柿鸡蛋汤。主食要米饭。请快点儿上菜。

女：好的。

(1) "拿手菜"的意思是什么？（C）
　　A. 很辣的菜　　　　B. 很贵的菜　　　　C. 做得很好的菜
(2) 男的不要酸菜鱼是因为这个菜怎么样？（B）
　　A. 太麻烦　　　　　B. 太油　　　　　　C. 太贵
(3) 从对话可以知道，一共有几个人吃饭？（C）
　　A. 两个人　　　　　B. 三个人　　　　　C. 四个人
(4) 文章中没有提到什么？（A）
　　A. 鱼汤　　　　　　B. 炒鱼片　　　　　C. 鱼香肉丝

2. 听后选择正确答案

　　火车上，有两位旅客，张三和李四。火车开了一段时间后，张三发现他的手绢找不到了。他觉得一定是被坐在旁边的李四给偷走了，所以他让李四把手绢还给他。李四当然说自己没有拿，可是，他怎么说，张三都不相信。李四气得不得了，两个人大吵了一架。又过了一段时间，张三想买点儿东西吃，所以，他就在外套口袋里掏钱包，可是掏了半天也没有，毛衣口袋里也没有。最后，张三在最里边儿的衬衫口袋里找到了钱包。而且，他发现手绢被夹在钱包里了。于是，他很不好意思地向李四说了句"对不起"。李四听了，笑着回答说："没关系。刚上车的时候，我把你当成一位有礼貌的先生；刚才，你把我当成了一个小偷。看起来，我们俩都错了。"

(1) 张三的什么东西找不到了？（C）
　　A. 手机　　　　　　B. 手表　　　　　　C. 手绢
(2) 东西找不到以后，张三和李四做了什么？（B）
　　A. 聊天　　　　　　B. 吵架　　　　　　C. 讨论
(3) 手绢在什么衣服的口袋里找到了？（A）
　　A. 衬衫　　　　　　B. 毛衣　　　　　　C. 外套
(4) 这个故事最好的题目是什么？（C）
　　A. 张三和李四　　　B. 丢了的手绢　　　C. 先生和小偷

3. 听后判断正误

愚公移山

古代的时候，有一位老人，名字叫"愚公"。"愚公"的意思是不聪明的老人。愚公家门前有两座很大的山，一座叫太行山，一座叫王屋山。这两座山在愚公家门口，挡住了他们家出来和进去的路，他们很不方便。于是，愚公决定把这两座山搬到别的地方去。还有一个老人，叫"智叟"，意思是聪明的老人。智叟知道愚公要搬山的事情以后，就对愚公说："你太傻了！你都快九十岁了，怎么能把这两座大山搬走呢？"愚公却说："我已经拿定主意了。我死了，还有儿子，儿子死了，还有儿子的儿子，子子孙孙一代接着一代坚持下去，山怎么会搬不走呢？"

愚公的话感动了神仙，最后，神仙把两座山搬走了。

(1) 两座山离愚公家很近。　　　　　　　　　　　　　(√)
(2) 智叟真的是一个很聪明的老人。　　　　　　　　　(×)
(3) 愚公相信自己一定能把山搬走。　　　　　　　　　(×)
(4) 神仙帮助了愚公一家。　　　　　　　　　　　　　(√)
(5) 这个故事告诉我们，做事情只要坚持就能成功。　　(√)

第四十四课　大家都爱打乒乓球

一、听句子并选择正确答案

1. 现在票很紧张，你还是早点儿把票买了吧。

   问：下面哪种说法是正确的？（C）

   A. 听话人把票买好了　　B. 听话人打算去买票　　C. 票还没买

2. 上海队的比分后来追上了北京队，并在最后拿下了比赛。

   问：上海队打得怎么样？（B）

   A. 前面打得比北京队好

   B. 后面打得比北京队好

   C. 一直打得比北京队好

3. 你出差要一个星期呢，这个包放得下多少东西啊。

   问：说话人是什么意思？（C）

   A. 出差时间太长了　　B. 东西太多了　　C. 这个包太小了

4. 最近小王的学习成绩追上来一点儿了。

   问：关于小王，我们可以知道什么？（A）

   A. 学习有进步　　　　　B. 成绩一直很好　　　　C. 喜欢学习

5. 他想把那本流行小说翻译成中文。

   问：下面哪种说法是正确的？（A）

   A. 喜欢那本小说的人很多

   B. 那本小说是用中文写的

   C. 那本小说已经被翻译成中文了

6. 你听说了吗？这次足球比赛南京队获得了冠军。真是太阳从西边出来了！

   问：说话人是什么语气？（B）

   A. 高兴　　　　　　　　B. 吃惊　　　　　　　　C. 失望

7. 上一场比赛，文学系足球队都要赢了，后来却输给了教育系队。不过在最后的比赛中，教育系队还是没打过地理系队。

   问：哪个队最后赢了？（C）

   A. 文学系队　　　　　　B. 教育系队　　　　　　C. 地理系队

8. 有什么可得意的，他不就是得了个校运动会的冠军吗？

   问：说话人是什么意思？（C）

   A. 他肯定能得冠军

   B. 想知道他得没得冠军

   C. 得个冠军没什么了不起

9. 波伟说他负责买火车票，哪知道没买着。

   问：说话人是什么意思？（A）

   A. 没想到波伟没买到票

   B. 问波伟有没有买到票

   C. 不知道波伟为什么没买到票

10. 他以前经常打篮球，工作以后乒乓球打得比较多。现在很少打球了，不过，有时候还跑跑步。（B）

    问：他上学的时候喜欢什么运动？

    A. 跑步　　　　　　　　B. 打篮球　　　　　　　C. 打乒乓球

二、听对话并选择正确答案

1. 女：昨天晚上南京队跟上海队的比赛看了吗？

   男：看了，真精彩！南京队平时打得不怎么样，没想到昨天能打成那样儿！

   问：南京队打得怎么样？（B）

   A. 昨天打得不太好　　　B. 昨天打得非常精彩　　C. 平时打得非常好

137

2. 男：明天晚上的比赛我们一定会拿下。

   女：你别吹牛了！明年还差不多。

   问：女的是什么语气？（A）

   A. 不相信　　　　　　　　B. 批评　　　　　　　C. 表扬

3. 女：听说学校的乒乓球运动开展得很好？

   男：对，乒乓球是我们学校的传统运动，学生普遍比较感兴趣。

   问：从对话可以知道什么？（C）

   A. 男的乒乓球打得很好

   B. 学校刚开始教乒乓球

   C. 很多学生喜欢打乒乓球

4. 男：你干什么呢？快走吧，比赛快开始了。

   女：急什么，到那儿二十分钟就够了。现在差十分七点，离比赛还有四十分钟呢。

   问：比赛几点开始？（C）

   A. 六点五十　　　　　　　B. 七点　　　　　　　C. 七点半

5. 女：除了第一局以外，李明爱已经连续赢了两局了，形势很好啊。

   男：是啊，我看，下一局波伟八成也拿不下。

   问：从对话可以知道什么？（A）

   A. 波伟胜了第一局

   B. 李明爱输了第三局

   C. 最后一局波伟输了

6. 男：昨天梁教授的报告怎么样？

   女：报告厅里都快坐不下了！我去得晚了一点儿，几乎都找不到座位了。

   问：女的是什么意思？（B）

   A. 报告厅太小了　　　　　B. 去的人很多　　　　C. 她没找到座位

7. 男：张文，听说你乒乓球打得很好，哪天我们来比一场，怎么样？

   女：你别开玩笑了，我哪儿打得过你呀！

   问：下面哪句话可能是对的？（B）

   A. 女的乒乓球打得不好

   B. 男的乒乓球打得比女的好

   C. 男的在跟女的开玩笑

8. 男：听说黄山是中国最美的山。你这次去了觉得怎么样啊？

   女：真是名不虚传啊，有机会我一定要再去一次！

   问：对于黄山的风景，女的觉得怎么样？（C）

   A. 不太好　　　　　　　　B. 一般　　　　　　　C. 非常好

9. 男：你知道吗？王红现在是个有名的作家啦！
   女：这有什么奇怪的，上学的时候她不就特别爱写小说吗？
   问：女的可能跟王红是什么关系？（B）
   A. 夫妻　　　　　　　B. 同学　　　　　　　C. 同事
10. 男：请问，七点半的那场还有座位吗？
    女：中间的只有第一、第二排的了，旁边还有后面一点儿的座位。
    问：这个对话可能发生在什么地方？（C）
    A. 卖火车票的地方　　B. 卖飞机票的地方　　C. 卖电影票的地方

三、听短文并做练习

1. 听后选择正确答案

公共汽车上的时间

小文每天上班要坐两小时的公共汽车，她没有办法在摇晃的汽车上看书或者听音乐，自己开车去又太累，搬家不可能，她更不愿意离开这份她喜欢的工作。她就去问一位教管理的教授：她怎么才能省下这每天来回浪费掉的四个小时呢？

教授对她说："时间可以分成两种：一种是可以控制的，一种是不能控制的。对你来说，汽车摇晃是不能控制的。而你可以做的是搬家或者换工作。"

小文说："我不愿意离开家人一个人住到别的地方去，我也很喜欢我的工作。"

教授回答说："你不换工作、不搬家、也不愿意开车，那办法就比较少了。不过，你可以试着晚上少睡一点儿觉，第二天利用坐车的时间来做这件事。"

小文试着那么做了，她在公共汽车上浪费的时间也就少了很多。

(1) 小文每天上下班在路上要用多长时间？（C）
    A. 一个小时　　　　B. 两个小时　　　　C. 四个小时
(2) 小文觉得坐公共汽车有什么问题？（B）
    A. 汽车票太贵　　　B. 浪费时间　　　　C. 很不舒服
(3) 小文后来坐车的时候做什么？（A）
    A. 睡觉　　　　　　B. 看书　　　　　　C. 听音乐
(4) 从文章可以知道，下面哪个说法是正确的？（B）
    A. 小文不会开车
    B. 小文跟家里人住在一起
    C. 小文没有听教授的建议

2. 听后选择正确答案

天气预报

　　天气预报说，从前天开始，北方来的冷空气在一天里就让南京的温度下降了5℃左右。昨天南京的平均风力是5级。大风让南京的气温下降得很快。昨天早晨南京的最低气温是13℃，这也是今年秋天以来的最低气温。气象预报还说，除了这一次以外，这个月南京的气温还将下降两次。一股比较强的冷空气将在15日左右到达江苏省。14日晚上开始，江苏省从北向南会出现小雨，然后气温很快下降，15日到17日，南京的最低气温将下降到10℃左右。而从29日起，江苏又会出现另一次冷空气，那个时候气温将再次下降。

(1) 昨天南京的最低气温是多少度？（C）
　　A. 5℃　　　　　　B. 10℃　　　　　　C. 13℃
(2) 下一次冷空气什么时候开始？（A）
　　A. 15号左右　　　　B. 17号　　　　　　C. 29号
(3) 根据天气预报，这个月南京的气温一共会下降几次？（C）
　　A. 一次　　　　　　B. 两次　　　　　　C. 三次
(4) 这段话的主要意思是什么？（B）
　　A. 今天风很大　　　B. 最近气温下降　　C. 这两天气温很低

3. 听后判断正误

最后8秒

　　在一次欧洲杯篮球比赛上，保加利亚队遇到了当时的捷克斯洛伐克队。
　　当比赛还有最后8秒钟的时候，保加利亚队比捷克队多2分，一般来说，这场比赛他们已经肯定赢了。但是因为以前的比赛情况，保加利亚队必须赢5分才能取得小组比赛的胜利。可是，要在8秒钟的时间里再赢3分，太难了，所以很多人认为他们没希望了。
　　可是，就在这时候，场上出现了大家都想不到的情况：忽然，一个保加利亚队队员带着球向自己球队的那一边跑去，并很快投篮，球进了。全场观众都呆了。这时，全场比赛时间到了，两个队的成绩一样。这样，他们就需要再打5分钟来决定谁赢。结果，在最后5分钟的比赛中，保加利亚队赢了6分，取得了小组比赛的胜利。

(1) 在最后8秒钟的时候，捷克队输了2分。　　　　　　　　　（√）
(2) 保加利亚队需要赢6分才能取得小组比赛的胜利。　　　　（✗）

(3) 以前的比赛捷克队打得比保加利亚队好。　　　　(√)

(4) 这场比赛中，最后保加利亚队比捷克队多5分。　　(×)

(5) 保加利亚队获得了欧洲杯的冠军。　　　　　　　　(×)

第四十五课　复习(九)

一、听句子并选择正确答案

1. 对不起，单人间已经客满了，标准间您要吗？

    问：这句话最可能在什么地方说？(A)

    A. 宾馆　　　　　B. 饭馆　　　　　C. 房屋中介公司

2. 大家请注意，明天早上我们六点半叫早，七点吃早饭，八点准时出发。大家离开房间的时候请把行李一起带下来。(B)

    问：说话人可能是什么人？

    A. 服务员　　　　B. 导游　　　　　C. 司机

3. 很抱歉，去北京的CZ2310次航班起飞时间推迟到十点五十分。

    问：这句话可以在什么地方听到？(C)

    A. 汽车站　　　　B. 火车站　　　　C. 飞机场

4. 这哪儿是旅游呀，吃、住、游没一样行的。

    问：说话人是什么语气？(B)

    A. 兴奋　　　　　B. 抱怨　　　　　C. 失望

5. 快放假了，记者今天在长春火车站了解到，车站前几天的学生旅客只有2000人上下，但今天却增加了差不多两倍。(C)

    问：长春站今天的旅客大概多少人？

    A. 2000人　　　　B. 4000人　　　　C. 6000人

6. 大家请注意，今天的活动是这样安排的：早饭后游览玄武湖，接着参观中山陵、最后欣赏长江大桥的风景。

    问：今天游览的顺序是什么？(C)

    A. 玄武湖、长江大桥、中山陵

    B. 中山陵、玄武湖、长江大桥

    C. 玄武湖、中山陵、长江大桥

7. 这个小张啊，每次集合的时候他都迟到，要好好儿说说他！

    问：说话人对小张是什么态度？(A)

    A. 不满意　　　　B. 无所谓　　　　C. 很关心

141

8. 春节快到了,去海南旅游的价格也提高了。平时一个人只要2000来块钱,现在大约提高了20%左右。

    问:现在去海南旅游要比平时多花多少钱?（C）

    A. 120 块　　　　　　B. 200 块　　　　　　C. 400 块

9. 大家注意了,现在差十分九点,一个半小时以后我们在公园门口集合,最多等十分钟就开车。

    问:最晚什么时候开车?（B）

    A. 十点　　　　　　B. 十点半　　　　　　C. 十点四十

10. 现在路上这么堵,看起来,咱们赶不上宾馆的会议晚餐了。

    问:从这句话可以知道什么?（A）

    A. 现在是傍晚　　　B. 他们吃不上晚饭了　　C. 他们是出来旅游的

二、听对话并选择正确答案

1. 男:听说你们去华西村参观了,这个"中国第一村"怎么样啊?
   女:没说的!哪儿像农村啊?比有些城市还现代呢。
   问:女的觉得华西村怎么样?（C）
   A. 没什么可说的　　B. 不像人们说的那么好　　C. 确实非常好

2. 女:云南现在的天气怎么样?
   男:你没听说云南的四季都像春天一样吗?你又不会去很长时间,带什么羽绒服啊!
   问:下面哪种说法是正确的?（C）
   A. 现在是春天　　　B. 女的现在在云南　　　C. 去云南不用带羽绒服

3. 男:请问,打一次乒乓球多少钱?
   女:一次两个小时30块钱。办月卡的话,打四次100块钱。年卡更便宜,四十八次一共800块钱。
   问:年卡多少钱一张?（B）
   A. 400 块钱　　　　B. 800 块钱　　　　　C. 1200 块钱

4. 女:从上海坐火车去黄山要多少钱?
   男:那得看你坐什么车,买什么票。没有空调的车,卧铺是100来块,硬座50块钱左右。有空调的车,卧铺150块钱上下,硬座100块钱不到。
   问:有空调的硬座多少钱?（B）
   A. 50 块左右　　　　B. 100 块左右　　　　C. 150 块

5. 男:阿里的汉语怎么样?
   女:说起来挺流利,可汉字一个也不会写。

问：女的觉得阿里的汉语怎么样？（C）

　　A. 说和写都很好　　B. 说还可以，写不太好　　C. 说得不错，写得不好

6. 男：我们班这次运动会拿了两个冠军。

　　女：那有什么！我们班不但冠军比你们多拿了两个，还有三个第二名呢！

　　问：这次运动会女的的班得了几个奖？（C）

　　A. 四个　　　　　　B. 五个　　　　　　　　C. 七个

7. 男：您看这房子，离学校虽然远，但出门就有公共汽车，而且两个房间都朝南。

　　女：嗯，大小也合适，但是租金贵了点儿。

　　问：对话中没有提到房子的什么？（C）

　　A. 交通　　　　　　B. 租金　　　　　　　　C. 环境

8. 女：多带点儿钱，路上一个人要小心，有事儿找警察帮忙。

　　男：知道了。我这么大了，您别再把我当小孩子。

　　问：两人最可能是什么关系？（A）

　　A. 母子　　　　　　B. 夫妻　　　　　　　　C. 朋友

9. 女：你认识外语学校的李小兰老师吗？

　　男：听过一次她上的课，给我留下了很深刻的印象。希望以后我的孩子能做她的学生。

　　问：男的认为李老师的课上得怎么样？（B）

　　A. 很糟糕　　　　　B. 很精彩　　　　　　　C. 很一般

10. 女：小波，看起来好像挺不高兴，怎么啦？

　　男：昨天晚上在公司开夜车，早上还被经理说了一顿，我能高兴吗？

　　问：关于小波，我们可以知道什么？（B）

　　A. 昨天晚上开车了　B. 被经理批评了　　　　C. 跟经理说话了

三、听短文并做练习

1. 听后选择正确答案

银行卡

《北京晚报》8日消息：昨天上午11点多钟，张先生用银行外面的ATM机给孩子存学费，后来，因为马虎，他把银行卡忘在了ATM机里了，卡上有7000多元钱。5分钟以后，张先生自己发现忘了拿银行卡，就迅速回去找。卡还在，但卡上只剩58元了。张先生马上到银行里面去查了查，发现其他的钱已经被人分四次取走，估计是他存钱时后面一个戴帽子的女人拿的。

现在，张先生已经到派出所报了案。有警察认为这种情况很麻烦：第一，不一定

能说是这个女人偷的,因为张先生自己马虎,那个女人是无意中发现他的卡的;第二,钱的数量不到一万块,警察不太好管。当然,也有人有不同的看法。这件事告诉我们,使用银行卡的时候,一定要小心。

(1) 张先生的钱是哪天丢的?(A)
  A. 7日   B. 8日   C. 9日
(2) 张先生的卡怎么了?(C)
  A. 被人给偷了 B. 被银行拿走了 C. 忘在取款机里了
(3) 从这段话可以知道什么?(A)
  A. 张先生的孩子是个学生
  B. 是银行职员存的钱
  C. 有人告诉了张先生卡的事
(4) 根据短文,下面哪种说法是正确的?(B)
  A. 女人是个小偷 B. 这件事不容易解决 C. 警察能找回这些钱

2. 听后选择正确答案

一次旅游

前不久,我参加了四川中国旅行社组织的一次到九寨沟的旅游。我对这次旅游十分满意。最初我是在网上预订这次五日游的。在后来联系的时候,我给旅行社的张先生打过很多次电话,有时只为了一些很小的问题,张先生一直都很耐心地回答我。后来因为五一节以后旅游价格下降,张先生又打电话,让我取回多出来的钱。这些都让我很感动。但遗憾的是,我到四川的时候,张先生正在放假,所以,没能见到他。去九寨沟玩儿的时候,导游钱先生给我们唱了很多好听的歌,还教了我们一些西藏话和西藏歌,很有意思。开车的李师傅也给我留下了深刻的印象,他的技术真好。

我很喜欢旅行社的这些先生,离开的时候,我把我的电话号码留给了他们,希望他们来北京的时候跟我联系,我也可以做他们的导游。

(1) "我"最早是怎么预订这次旅游的?(A)
  A. 网上预订   B. 电话预订   C. 写信预订
(2) 张先生后来为什么打电话给"我"?(B)
  A. 告诉我去交钱 B. 通知我退钱 C. 让我去旅游
(3) "我"去四川没有见到张先生的原因是什么?(C)
  A. 他退休了   B. 他在开会   C. 他在放假

（4）教我们说西藏话的是哪一位？（B）

　　A. 张先生　　　　　B. 钱先生　　　　　C. 李先生

（5）"我"可能是什么地方人？（A）

　　A. 北京人　　　　　B. 四川人　　　　　C. 西藏人

3. 听后判断正误

半夜敲门

　　小王是音乐学院的学生，平时常常很认真地练习钢琴。

　　最近他遇到一件让他很生气的事情，于是他想跟他的好朋友聊一聊。他们在一家咖啡店坐下后，小王开始向朋友抱怨说："你知道吗？我隔壁新搬来的那家人真的要把我气死了！"

　　"怎么啦？"朋友关心地问。

　　"你不知道！"小王很激动地说，"隔壁那家的小孩儿讨厌得要命！每天夜里一点来钟，他就跑到我的门口，使劲地敲门。等我开门看他时，他又跑了。也不知道他的父母是怎么教育他的！"

　　"这样是太不像话了。你怎么不把这件事跟他父母说说呢？"

　　小王笑了笑说："我才不把自己当成跟他一样的孩子呢！他走了，我就接着练习我的钢琴。"

　　"啊！"朋友不知道说什么才好。

（1）小王和朋友在咖啡馆见面。　　　　　（√）
（2）小王不太喜欢邻居的孩子。　　　　　（√）
（3）邻居的孩子很调皮。　　　　　　　　（×）
（4）小王常常在半夜练琴。　　　　　　　（√）
（5）这件事情是小王做得不对。　　　　　（√）

第四十六课　业余时间你做什么？

一、听句子并选择正确答案

1. 在外面跑了一天，真饿坏了，看到那么香的面条儿，他吃了一碗又一碗。

　　问：他吃了几碗面条儿？（C）

　　A. 一碗　　　　　　B. 两碗　　　　　　C. 很多碗

145

2. 听说学校要组织我们出去旅行,大家都兴奋得不得了。
   问:通过这句话可以知道什么?(A)
   A. 大家非常想出去旅行
   B. 学校让大家下个星期去旅行
   C. 旅行的时候会很兴奋

3. 我觉得那些为了国家的繁荣努力工作的人应该受到大家的尊敬。
   问:说话人认为应该尊敬什么人?(B)
   A. 普通人　　　　　B. 努力工作的人　　　　C. 所有的人

4. 在爸爸的影响下,王明也渐渐爱上了京剧。
   问:谁喜欢京剧?(C)
   A. 爸爸　　　　　　B. 王明　　　　　　　　C. 王明和爸爸

5. 我真是不敢相信他那么老实的人也会做出这样的事。
   问:说话人是什么意思?(B)
   A. 他不会做出这样的事
   B. 没想到他会做这样的事
   C. 他不敢做出这样的事

6. 小明,妈妈不是告诉你要好好儿跟妹妹玩儿吗?你怎么又把妹妹惹哭了?
   问:谁哭了?(A)
   A. 妹妹　　　　　　B. 小明　　　　　　　　C. 妈妈

7. 本次列车从南京出发,经过济南,把大家送往首都北京。
   问:火车的终点站在哪儿?(C)
   A. 南京　　　　　　B. 济南　　　　　　　　C. 北京

8. 在我们班几十位同学中,他的年龄算是小的了。
   问:这句话是什么意思?(B)
   A. 他算是我们班的同学
   B. 他在我们班年纪比较小
   C. 他是我们班最小的

9. 在老师和同学们的关心下,他的成绩有了显著提高,也不那么想家了。
   问:下面哪种说法是错误的?(A)
   A. 他的成绩是最好的　　B. 他原来很想家　　　C. 老师和同学很关心他

10. 不管刮风还是下雨,每到早上七点,总是能看到他在操场锻炼身体。
    问:他什么时候去锻炼身体?(C)
    A. 天气好的早晨　　　B. 不下雨的时候　　　C. 每天早上

二、听对话并选择正确答案

1. 男：快七点了，你怎么还不做饭呢？
   女：我下午去逛街了，才回来，累死了，今天你做吧。
   问：下面哪句话是对的？（B）
   A. 现在已经七点多了　　　B. 女的今天特别累　　　C. 男的也不想做饭

2. 男：这个周末的拔河比赛，你为什么不参加啊？
   女：这次拔河比赛每个班只需要五个女同学，等我想报名的时候已经晚了。
   问：女的是什么意思？（A）
   A. 拔河比赛她没有报上名
   B. 她不想参加拔河比赛
   C. 她不知道要举行拔河比赛

3. 男：新年晚会我没参加，安达他们表演的节目怎么样？
   女：他们的相声太精彩了，把我们大家都逗得哈哈大笑。
   问：女的觉得安达他们的相声表演得怎么样？（C）
   A. 很可笑　　　　　　　B. 不太好　　　　　　　C. 很成功

4. 男：我的汉语发音还不太地道，一听就知道是外国人，你说得这么好，以后还得请你多多帮助。
   女：好说，好说。
   问：女的是什么意思？（C）
   A. 她觉得汉语很容易说　　B. 她不太会说汉语　　　C. 她愿意帮助男的

5. 男：你这儿有张学友的CD吗？
   女：有的是，你不知道我是他的歌迷吗？
   问：女的是什么意思？（B）
   A. 她不知道张学友是谁
   B. 她有很多张学友的CD
   C. 她不是张学友的歌迷

6. 男：这里的风景真是优美啊，天这么蓝，水这么绿，花这么红。
   女：是啊，要是能拍下来就好了。
   问：女的想做什么？（A）
   A. 拍照片　　　　　　　B. 看风景　　　　　　　C. 去买花

7. 男：不是说好九点钟集合动身的吗？丁荣还没来，是不是把时间、地点记错了？
   女：她呀，十有八九又睡过头了，我打电话叫她起来。
   问：女的认为丁荣为什么还没来？（C）
   A. 记错集合时间了　　　B. 记错集合地点了　　　C. 可能还没起床

8. 男：女孩子不是都喜欢吃甜的东西吗？你怎么不喜欢呢。
   女：我不是不喜欢，是觉得吃甜东西对牙不好，而且也容易变胖。
   问：下面哪个不是女的不吃甜食的原因？（A）

   A. 不喜欢吃　　　　　　B. 怕对牙不好　　　　C. 不想自己变胖

9. 男：这么好的工作不要了，小明脑子里也不知在想些什么。
   女：是啊，不管你怎么问，他都一句话也不说。你说，让人着急不着急啊。
   问：女的是什么意思？（B）

   A. 不知道怎么问小明　　B. 心里很着急　　　　C. 不想跟小明说话

10. 男：下星期跟中国学生的交流活动，也不知道有没有意思，你去不去啊？
    女：当然去了，不管有没有意思，参加的话可以多了解中国人，还能提高汉语水平呢。
    问：女的要参加这个活动不是因为什么？（B）

    A. 可以了解中国人
    B. 这个交流活动很有趣
    C. 能提高汉语水平

三、听短文并做练习

1. 听后选择正确答案

怎么接待客人

接待客人一定要有礼貌。去车站或机场接客人，客人到了，应该主动上前握手、问候。要是客人手里拿着行李，一定要接过来，帮客人拿着。到了家门口，应该请客人先进去。等客人坐下以后，还要马上给客人倒茶。每次倒茶倒大半杯就可以，让客人方便端着喝。给客人递茶的时候，要用双手。客人在接茶的时候，也同样要用两只手。

如果家里有客人时，又有新的客人来，应该将客人互相介绍，一起接待。家里有客人在时，不要开大声音看电视、听收音机。也不要在客人面前打骂孩子，这些情况会影响客人谈话，也会让客人觉得不好意思。

客人要告别离开时，要等客人先站起来，主人才能站起来。远客一般要送出房门，然后握手告别。不要客人刚刚走出门就把门关上，这非常没礼貌。

(1) 主人接客人到了家门口，谁应该先进去？（B）

　　A. 主人先进去　　　　B. 客人先进去　　　　C. 谁先进去都可以

(2) 给客人倒茶应该倒多少？（B）

　　A. 小半杯　　　　　　B. 大半杯　　　　　　C. 满满一杯

（3）给客人递茶的时候怎样递才是礼貌的？（C）

　　A. 用左手递茶　　　　B. 用右手递茶　　　C. 用两只手递茶

（4）接待客人时下面哪一项是有礼貌的表现？（B）

　　A. 开大声音看电视　　B. 把客人送出房门　　C. 告别时主人要先站起来

2. 听后判断正误

我正在欧洲旅行呢！

　　妈妈叫两个女儿帮她做晚饭。这时姐姐正在房间里看一本介绍欧洲的书，不想出去帮妈妈，于是她大声地说："我不在家，我正在欧洲旅行呢！"妹妹正在玩儿，听到妈妈的叫声马上走进厨房帮忙。过了一会，妹妹干完活儿又回到房间玩儿。姐姐看见妹妹正在吃东西，就问："你在吃什么？""我在吃冰激凌啊，刚才我吃完自己的一份，现在吃的是你的那份。"姐姐生气地说："是谁让你吃我的冰激凌的？"妹妹说："妈妈说你去欧洲那么遥远的地方旅行，不知道什么时候才能回来，时间长了冰激凌会化掉，所以让我把你的那份也吃掉。"

（1）姐姐去欧洲旅行了，所以不能帮妈妈做饭。　　　　（×）

（2）妹妹很听话，姐姐不听话。　　　　　　　　　　　（√）

（3）姐姐愿意把自己的冰激凌给妹妹吃。　　　　　　　（×）

（4）妹妹吃掉了姐姐的冰激凌，姐姐很生气，但是没办法。（√）

（5）姐姐不帮妈妈做饭，妈妈不太高兴。　　　　　　　（√）

3. 听后回答问题

每天都过得很开心

　　从前有个老太太，她有两个女儿，大女儿跟雨伞店老板结婚了，小女儿的丈夫是洗衣店的老板。两个女儿的日子都过得不错，但是老太太还是每天都很担心。下雨的时候，她害怕洗衣店的衣服晒不干，会影响小女儿家的生意；不下雨的时候，她又担心雨伞店的伞卖得不好，影响大女儿的生意。老太太天天为女儿们担心，过得很不开心。

　　一位聪明人知道了这件事，就对她说："老太太，你有什么可担心的呢？如果下雨的话，大女儿家卖伞卖得多，生意很好。如果是晴天的话，小女儿家衣服干得很快，就会挣很多钱，不管哪一天你都有好消息啊。"老太太这样一想，真的每天都过得很开心了。

（1）老太太为什么原来每天都不开心？

（2）老太太为什么后来每天都很开心？

（3）这个故事告诉我们什么？

第四十七课　回老家过春节

一、听句子并选择正确答案

1. 车上人这么多，你现在不往门口走，一会儿就下不去了。

   问：听话人不可能在什么地方？（B）

   A. 公共汽车上　　　　B. 出租车上　　　　C. 火车上

2. 用筷子而不是用刀叉吃饭，这对很多留学生来说是一件新鲜事。

   问：这句话是什么意思？（A）

   A. 很多留学生没有用筷子吃过饭

   B. 很多留学生不喜欢用刀叉吃饭

   C. 用筷子吃饭比用刀叉吃饭有意思

3. 如果不是旁边有人扶了我一下，我就摔倒了。

   问：下面哪个句子是对的？（A）

   A. 旁边有人扶了他一下，他没有摔倒

   B. 旁边没有人扶他，他摔倒了

   C. 他扶了别人一下，自己摔倒了

4. 春节的时候吃什么，南方和北方有明显区别。

   问：中国的南方和北方有什么不一样？（A）

   A. 春节的时候吃的东西不一样

   B. 怎么过春节非常不一样

   C. 在各方面都不太一样

5. 你可别不把健康当回事，如果没有健康，挣那么多钱又有什么用呢？

   问：说话人是什么意思？（B）

   A. 他身体不健康　　　　B. 健康很重要　　　　C. 挣钱没有用

6. 小张签合同时把一个数给写错了，如果不是细心的刘师傅发现，公司的损失可就大了。

   问：从这句话里我们可以知道什么？（B）

   A. 小张常常签错合同　　　　B. 刘师傅比较细心　　　　C. 公司的损失很大

7. 女儿还这么小，就让她一个人到国外去学习，我哪儿舍得啊？

   问：说话人是什么意思？（C）

   A. 希望女儿能够到国外学习

   B. 不知道应该让女儿去哪个国家

   C. 舍不得让女儿到国外去

8. 小王这个人可真是马大哈，又把新买的手机给弄丢了。

   问：小王这个人怎么样？（A）

   A. 做事情很不细心　　　　B. 做事情很小心　　　C. 做事情很专心

9. 文文，你马上就大学毕业了，我真替你高兴。想送你一件礼物，你喜欢什么就随便选吧，我来掏钱。

   问：关于说话人，哪句话是不对的？（B）

   A. 要送文文礼物　　　　B. 非常穷　　　C. 今天很高兴

10. 张经理指着一座白色的大楼告诉我们："这就是我们公司为新职员建的宿舍楼，你们以后就住在这儿。工作上的问题找我，生活上有什么困难的话直接找老刘。"

    问：下面哪种说法是正确的？（B）

    A. 公司的新宿舍楼是白色的

    B. 他们是公司的新职员

    C. 生活上有困难找张经理

二、听对话并选择正确答案

1. 男：您觉得这次到中国来，印象最深的是什么？

   女：对我来说，最让我难忘的不是中国的经济发展速度，而是中国人的热情。

   问：女的是什么意思？（B）

   A. 中国的发展速度不太快

   B. 中国人对她很热情

   C. 中国的发展速度让人吃惊

2. 男：晚上我们别在食堂吃了，出去改善一下吧，我请客。

   女：奇怪了，你今天怎么舍得请客了？

   问：通过对话我们可以知道什么？（A）

   A. 男的很少请客　　　　B. 女的不想去吃饭　　　C. 食堂吃饭很便宜

3. 男：昨天的比赛中国队赢得真不容易。

   女：可不，如果不是换了姚明上去的话，就不会得最后两分了。

   问：女的是什么意思？（C）

   A. 昨天的比赛很精彩

   B. 中国队的表现很不好

   C. 中国队赢得确实不容易

151

4. 男：小文，先坐32路，坐五站在北京西路换64路，要去马路对面换车，别把方向给弄错了。

   女：爸爸，我又不是第一次去了，你要是不放心，就跟我一起去。

   问：女的是什么意思？（B）

   A. 她想让爸爸跟她一起去　　B. 她知道怎么换车　　C. 她这是第二次去

5. 男：你怎么搞的，这件事不是说好不告诉张老师吗？

   女：可我真的忍不住了。

   问：下面哪句话是对的？（A）

   A. 女的告诉张老师这件事了

   B. 张老师想知道这件事

   C. 男的觉得女的应该说

6. 男：我觉得找工作的时候收入不是最重要的，重要的是对自己来说这份工作有没有更好的发展。

   女：话是这么说，可是钱太少的话怎么生活呢？

   问：女的是什么意思？（C）

   A. 她现在的工作收入太少

   B. 觉得男的说得非常对

   C. 找工作的时候收入也很重要

7. 男：听说了吗？老王的儿子开车出了交通事故，正在医院躺着呢，真倒霉啊。

   女：怪不得他急急忙忙地走了，连假也忘了请了。

   问：关于老王，哪种说法是不正确的？（B）

   A. 儿子会开车　　　　　　B. 在医院上班　　　C. 没有请假就走了

8. 男：你看，这件衣服怎么样？我在一个小店里买的，世界名牌儿呢，打了五折，才两千。

   女：我看看。你上当了，这哪儿是什么名牌儿呀？

   问：女的是什么意思？（B）

   A. 这件衣服不漂亮

   B. 男的被人骗了

   C. 她想知道男的在哪儿买的

9. 男：昨天学校礼堂的京剧表演你去看了吗？特别好。

   女：我可是个京剧迷，如果不是昨天晚上有课的话，我肯定去了。

   问：谁去看京剧了？（A）

   A. 男的　　　　　　　　　B. 女的　　　　　　C. 男的和女的

10. 男：我想在外面租个房子，但是我对这儿不太熟悉，你能不能帮我找个房子？
女：这事有什么难办的，交给我吧。
问：女的是什么意思？（C）
A. 现在租房子比较难　　B. 她不愿意帮忙　　C. 这件事情很容易

三、听短文并做练习

1. 听后选择正确答案

在哪儿吃年夜饭？

"吃"是春节活动的一项重要内容。一到春节，人们就会买鸡鸭鱼肉，水果点心什么的，自己还要做很多好吃的。以前为了做一顿年夜饭，人们常常要忙好几天，太浪费时间了。最近几年，人们为了让节日的生活更轻松、更舒适，正在寻找一种新的方式。现在，很多人的做法是：除夕夜，全家去饭店吃年夜饭。这种方式深受年轻人和孩子们的喜欢。现在，除夕在饭店订年夜饭的家庭越来越多了。

但有些国家的年夜饭风俗跟中国大不一样。在印度，新年这一天从早晨到半夜一直要饿肚子，过了晚上12点才可以吃准备好的饭菜，互相祝贺新年。在法国，人们认为除夕的时候家中如果有剩酒，新的一年就会倒霉，只有把这一年剩的酒喝干净，第二年才会有好日子。

(1) 过去过春节人们常常忙着做什么？（B）
A. 逛街买衣服　　B. 准备吃的东西　　C. 去饭店吃饭
(2) 下面哪个不是去饭店吃年夜饭的原因？（A）
A. 饭店的年夜饭更好吃
B. 自己做年夜饭浪费时间
C. 为了让节日生活更轻松
(3) 哪些人更喜欢在饭店吃年夜饭？（C）
A. 老人和孩子　　B. 老人和年轻人　　C. 年轻人和孩子
(4) 下面哪个是法国吃年夜饭的风俗？（B）
A. 要饿肚子　　B. 要把剩酒喝光　　C. 吃很多好吃的

2. 听后判断正误

拜年

春节里的一项重要活动，是到亲戚朋友家拜年。春节拜年时，晚辈要先给长辈拜年，祝长辈健康长寿。长辈要将准备好的压岁钱送给晚辈，晚辈得到压岁钱就可以平平安安地度过一年。压岁钱可以是几十块，也可以是几百块，这些压岁钱多被孩子用来买图书或学习用品。拜年主要有四种：

一是走亲戚。就是到亲戚特别是长辈家拜年，去时必须带上礼物。拜年后可以留下来吃饭。

二是表示礼貌的拜年。如给同事、朋友拜年。这种情况，最好不要待太长时间，祝贺新年、说几句客气话就应该离开。

三是表示感谢的拜年。是给一年中帮助过你的人，比如给律师、医生拜年。要买些礼物，用拜年的方式表示感谢。

四是给邻居拜年。这种拜年比较随便，见面后互相祝贺新年或者到家里坐一会儿，时间可长也可短。

(1) 春节这一天很多人会去拜年。　　　　　　(√)
(2) 压岁钱可以多给一点儿也可以少给一点儿。　　(√)
(3) 去亲戚家拜年一定要吃了饭再回去。　　　　(✗)
(4) 给同事、朋友拜年时最好留下来吃饭。　　　(✗)
(5) 给邻居拜年比较随便。　　　　　　　　　(√)

3. 听后判断正误

谁更小气？

从前，有个人叫张三，家里比较穷，所以总是向邻居家借东西用。有一天，他干活儿时想用用斧头，就让自己的儿子去向邻居李四家借。儿子去了李四家，李四一听说张三要借斧头，就说："真对不起，我家的斧头昨天被孩子的叔叔借走了，过几天才能拿回来。"儿子回到家把李四的话告诉了爸爸，张三生气地说："什么？他家的斧头被叔叔借走了？刚才我还看见李四用斧头了呢。这个人太小气了，用用他的斧头都舍不得。"张三在房间里来回走了几步，想了想："没办法了，李四不借给我，那就只好把自己的斧头拿出来用用了。"

(1) 张三派儿子去邻居家借斧头。　　　　　(√)
(2) 李四的斧头被孩子的叔叔借走了。　　　(✗)
(3) 李四是个很小气的人。　　　　　　　　(√)
(4) 张三比李四更小气。　　　　　　　　　(√)
(5) 张三家没有斧头。　　　　　　　　　　(✗)

第四十八课　中国的父母和孩子

一、听句子并选择正确答案

1. 我的同屋真是的，总是在我学习的时候打电话，而且一打就是几十分钟。

    问：说话人是什么语气？（A）

    A. 不满　　　　　　B. 吃惊　　　　　　C. 兴奋

2. 明明，你不承认错误，爸爸是不会原谅你的。

    问：通过这句话我们可以知道什么？（A）

    A. 明明还没承认错误

    B. 这个错误非常严重

    C. 爸爸已经原谅明明了

3. 小伟一进门扔下足球，一边擦汗一边喝水，说："妈妈，我不吃晚饭了，约了同学看球赛。"

    问：小伟刚才可能在做什么？（B）

    A. 吃晚饭　　　　　B. 踢足球　　　　　C. 看球赛

4. 文文一个月就要去两三趟商场，每次一买就是七八件，我挣多少钱，也不够她花呀！

    问：说话人是什么意思？（C）

    A. 他挣钱非常辛苦　　B. 商场的衣服太贵了　C. 文文花钱太多

5. 虽然爸爸平时话很少，可一提到那段在美国的生活，他就有说不完的话。

    问：关于爸爸，下面哪句话是不对的？（A）

    A. 他的话太多了　　B. 他在美国生活过　　C. 他平时不喜欢说话

6. 什么？一共268块钱？我以后再也不会来这儿吃饭了。

    问：通过这句话我们可以知道什么？（A）

    A. 说话人在一家饭店里

    B. 说话人跟朋友在一起

    C. 说话人正在吃饭

7. 王小明成绩这么差，学习又不用功，我看啊，上大学肯定没戏了。

    问：说话人觉得王小明怎么样？（C）

    A. 考试考得不好　　B. 不喜欢参加表演　　C. 一定不能上大学了

8. 你说小文这孩子，经常泡在网吧玩儿游戏，有时候一玩儿就是一天，成绩能好吗？

    问：关于小文，下面哪句话可能是错误的？（C）

    A. 经常去网吧　　　B. 成绩不好　　　　　C. 每天都玩儿游戏

155

9. 这种毛衣最适合你们这些在空调房间里工作的人，虽然薄可是比较暖和，但又不会太热，昨天一天就卖出去六七件，一个老师一下子买了两件呢。

问：说话人可能是做什么工作的？（B）

A. 修空调的　　　　　　B. 售货员　　　　　　C. 老师

10. 小明，妈妈让你别把那件厚毛衣脱掉，你看你，感冒了吧，这种样子还能去上课吗？

问：关于小明，哪句话可能是不对的？（C）

A. 脱掉了厚毛衣　　　　B. 没听妈妈的话　　　　C. 没有去上课

二、听对话并选择正确答案

1. 男：听说学校北门新开了一家饭店，我们去尝尝吧。
   女：我已经去吃过一次了，我保证你吃了第一次再也不会想吃第二次了。
   问：女的觉得那家饭店怎么样？（C）

   A. 好极了，去了一次还想去第二次

   B. 还可以，应该去吃一两次

   C. 很不好，去了一次不想去第二次

2. 男：听说你很小的时候就跟爸爸妈妈一起来中国了。
   女：是的，当时我才6岁，我现在都18岁了，已经习惯了在中国生活。
   问：女的在中国生活了多长时间了？（B）

   A. 6年　　　　　　　　B. 12年　　　　　　　　C. 18年

3. 男：你和小刘怎么吵架了，两口子应该互相理解嘛。
   女：他总是按照自己的想法做事，从来不管我是怎么想的，我怎么理解他？
   问：下面哪种说法是正确的？（A）

   A. 女的跟小刘是夫妻

   B. 男的跟女的常常吵架

   C. 小刘的脾气不太好

4. 女：你最近不是在打太极拳吗？有效果吗？
   男：还别说，现在腰不疼了，腿也不酸了，动一动啊就是比不动强。
   问：男的是什么意思？（B）

   A. 生病了要打太极拳　　B. 打太极拳有效果　　C. 不要说打太极拳的事

5. 女：你说，咱们家小刚是个大学生，人长得还不错，收入也高，可已经三十五六了，连个女朋友都没找着，这正常吗？
   男：他是真的没有呢还是不告诉咱们呢？晚上我跟他好好儿谈谈。
   问：说话人最可能是什么关系？（A）

   A. 夫妻　　　　　　　　B. 朋友　　　　　　　　C. 父女

6. 女：啊？王明被车撞了？什么时候的事儿啊？我怎么不知道呢？

   男：好几天了，你呀，天天跟男朋友泡在一起，哪儿有时间关心我们这些朋友啊。

   问：下面哪种说法是不对的？（C）

   A. 王明前几天被车撞了

   B. 女的经常和男朋友在一起

   C. 男的最近没时间关心王明

7. 女：你为什么跟女朋友分手了呢？你们的感情不是挺好的吗？

   男：感情好有什么用啊，她天天都要知道我跟谁在一起，做些什么，如果跟女同事出去吃饭她就生气，我实在没办法忍受了。

   问：男的为什么跟女朋友分手？（C）

   A. 女朋友经常生气　　B. 女朋友跟他感情不好　　C. 女朋友管得太多了

8. 女：你知道了吧，隔壁小王两口子天天吵架，昨天终于离婚了。

   男：现在的年轻人，我真是看不惯，夫妻之间哪儿能不吵架呢？有问题就及时解决，离什么婚啊？

   问：男的是什么意思？（A）

   A. 小王夫妻不应该离婚

   B. 夫妻之间不应该吵架

   C. 两口子不应该有问题

9. 男：你这次去旅行感觉怎么样？一定很开心吧？

   女：那是，别提多开心了。

   问：女的觉得旅行怎么样？（B）

   A. 不顺利　　　　B. 很开心　　　　C. 还可以

10. 女：我们养了他快三十年了，这么重要的事情，他都不跟我们商量商量，说结婚就结婚。

    男：算了，别生那么大的气了，他自己的事情自己拿主意也好。

    问：他们在谈论谁？（A）

    A. 他们的孩子　　　B. 他们的朋友　　　C. 他们的邻居

三、听短文并做练习

1. 听后选择正确答案

怎样用筷子

在吃中餐时一定会用到筷子。筷子在中国已经有三千多年的历史了。筷子大多是上粗下细，上方下圆。为什么要做成这个样子呢？因为筷子上面粗而方，用手握着的时候不会滑动，放在桌子上也不会滚动。下面细而圆，夹菜的时候容易放进嘴里，而且不会伤到嘴。

用筷子的时候有很多需要注意的地方。比如，客人不能先动筷子。只有等主人拿起筷子并邀请客人说："大家不用客气，多吃一点儿。"然后客人才可以动筷子夹菜。不能举着筷子和别人说话，说话时要把筷子放在饭碗旁边，注意不要放在碗的上面。另外，用筷子的时候，不要出现下面几种情况：一种是主人把菜夹给客人时，客人用筷子在空中把菜接过来；另一种是两个人同时把筷子伸向一个盘子里夹菜，结果两双筷子撞在了一起。

研究发现，经常用筷子，不仅对肩和手指是很好的锻炼，而且对大脑也有好处。孩子如果从小就会用筷子，会更加聪明。

(1) 筷子一般是什么样的？（B）

    A. 上面粗而圆，下面细而方

    B. 上面粗而方，下面细而圆

    C. 上面细而方，下面粗而圆

(2) 筷子为什么做成这种样子？（C）

    A. 比较漂亮　　　　B. 比较容易做　　　　C. 比较方便实用

(3) 使用筷子时，哪种情况是有礼貌的？（A）

    A. 客人等主人先动筷子

    B. 举着筷子跟别人说话

    C. 两个人的筷子撞在一起

(4) 哪一项是录音中没有提到的使用筷子的好处？（A）

    A. 对饭碗有好处　　B. 可以锻炼手指　　C. 可以变聪明

2. 听后判断正误

一封情书

她有一双大大的眼睛，留着长长的头发，说话的时候总是带着微笑。我们是大学同学，从一见到她开始，我就喜欢上她了，可是怕她拒绝我，所以两年来，一直不敢告诉她我喜欢她。有一天，在朋友的鼓励下，我终于下决心写了一封长长的情书。可是，几次见到她，我都不敢把情书交给她。就这样，这封情书在我的口袋里放了好多天，已经变得很皱了。

终于有一天，在学生食堂，我一见到她，就把那封皱皱的情书塞进她手里，然后红着脸赶快跑掉了。

第二天，她打来电话，说要跟我见面。我心里既兴奋又紧张，穿上了自己认为看起来最帅的衣服,也准备好了要说的话。昏暗的路灯下,我们见面了。她看着紧张的我,问道:"昨天你塞给我一百块钱干吗?"

(1)"我"喜欢一个女孩子两个月了。(×)
(2)"我"没有告诉女孩子"我"喜欢她,因为她一定会拒绝"我"的。(×)
(3)"我"写了一封情书,但是开始的时候,"我"不敢交给那个女孩子。(√)
(4)"我"给了那个女孩子一封情书和一百块钱。(×)
(5)那个女孩子终于知道"我"喜欢她了。(×)

3.听后回答问题

其他作家的书全都卖完了

一个著名的作家旅行时来到了一个城市。这个城市有一个小书店,书店的老板非常喜欢这位作家,所以去作家住的地方拜访了他。和作家一起吃午饭的时候,老板邀请作家第二天到自己的书店去参观。作家愉快地答应了。

第二天一早,老板早早起床把书店打扫得干干净净,并且摆了很多漂亮的鲜花。为了讨好这位作家,他把别人的书全部从书架上拿下来,并且摆满了这个作家的书。作家来参观,走进书店一看,书架上全是自己的书,非常吃惊。他奇怪地问:"其他作家的书呢?"老板一紧张,忙说:"其他作家的书全都卖完了。"

(1)为了欢迎作家来参观,书店老板做了什么准备?
(2)书店的老板为什么在书架上摆满了那个作家的书?
(3)听到老板的话,作家会怎么样?

第四十九课 城市交通越来越堵了

一、听句子并选择正确答案

1.今天在电梯口碰到了李经理,因为快迟到了,我都顾不上跟他打招呼了。
   问:下面哪句话是正确的?(C)
   A.他不太喜欢李经理
   B.他今天上班迟到了
   C.他没有跟李经理打招呼

2.上星期我在公共汽车上连钱包带手机全被小偷偷走了,还好当时没带银行卡。
   问:说话人什么东西没被偷?(C)
   A.钱包   B.手机   C.银行卡

3. 你看他这个人，我好不容易才买到了这场音乐会的门票，他又说不想去了。

   问：说话人是什么态度？（A）

   A. 生气　　　　　　B. 高兴　　　　　　C. 激动

4. 丁荣，你的太极拳已经打得很不错了，不要放弃，应该坚持学下去。

   问：说话人觉得丁荣怎么样？（A）

   A. 太极拳打得很好　　B. 应该放弃学太极拳　　C. 可以教别人打太极拳

5. 果然下雨了，要不是听了妈妈的话，带了雨伞，今天非淋雨不可。

   问：从这句话我们可以知道什么？（A）

   A. 妈妈说今天可能会下雨

   B. 今天的雨下得非常大

   C. 我被大雨淋湿了

6. 小刘，对不起啦，今天实在不行，改天我去你那儿，我们好好儿喝几杯。

   问：说话人什么时候去小刘那儿？（C）

   A. 今天　　　　　　B. 明天　　　　　　C. 以后

7. 这里的漂亮衣服真多啊，我眼睛都看花了。

   问：说话人是什么意思？（A）

   A. 不知道该选择哪件衣服

   B. 眼睛有点儿不舒服

   C. 这里的衣服跟花一样漂亮

8. 开门后，一看是我，小文显得很失望，抬着头问我："哥哥呢？"

   问：关于小文，哪种说法是对的？（B）

   A. 小文对我很失望　　B. 小文在等哥哥　　C. 小文不想见到说话人

9. 小张，我就不明白你为什么非买房不可？现在房价那么高，租房子有什么不好？

   问：说话人是什么意思？（B）

   A. 租房子不好　　B. 小张不应该买房　　C. 现在房子的租金很贵

10. 荣荣，怪不得你今天不想跟我去逛街，又穿得这么漂亮，原来是要跟男朋友约会呀。

    问：荣荣今天会做什么？（C）

    A. 今天穿得不漂亮　　B. 跟说话人去逛街　　C. 要跟男朋友约会

二、听对话并选择正确答案

1. 男：怎么才来啊，我都在门口等你们半个小时了，是不是路上堵车啊？

   女：都是丁荣非要给你买礼物不可，我跟她说我带了一幅画，算是我们俩一起送的，可她不同意。

听力录音文本与参考答案

    问：女的为什么迟到？（A）

    A. 丁荣要去买礼物 B. 路上堵车了 C. 他们去买了一幅画

2. 男：这么多生词全都要记下来啊？

    女：有什么办法呢？考试都要考啊。

    问：女的是什么意思？（C）

    A. 没办法记住这么多生词

    B. 考试的时候不考生词

    C. 这些生词全部都要记住

3. 男：我最喜欢吃四川菜了，但昨天去了一家饭店，做上海菜的，做得也不错。

    女：你们北京人不是喜欢吃咸的嘛，怎么辣的、甜的也都喜欢啊。

    问：男的是什么地方人？（B）

    A. 四川人 B. 北京人 C. 上海人

4. 男：我看中国人叫别人名字的时候，有时候带着姓，有时候直接叫名字。

    女：对啊，不熟悉的人当然要名和姓一起叫了，如果很熟悉只要叫名字就可以了。

    问：如果你刚认识的一个人名字是"王小明"，你应该怎么称呼他？（A）

    A. 王小明 B. 小明 C. 明明

5. 男：丁荣，来看看我做的菜怎么样。

    女：好，我尝尝。嗯，不错，没想到你做菜还有一手。

    问：关于男的我们知道什么？（C）

    A. 他很喜欢做菜

    B. 做菜时他的手受伤了

    C. 他做的菜很好吃

6. 男：你看你多好啊，马上就要退休了，再也不用每天起早来上课了。

    女：唉，在这儿工作了这么多年，突然离开，还真舍不得啊！

    问：女的可能是做什么工作？（A）

    A. 教师 B. 学生 C. 作家

7. 男：你不是去看电影了吗？怎么这么快就回来了？

    女：这部电影一点儿也不吸引人，让人实在看不下去。

    问：下面哪种说法是正确的？（B）

    A. 这是一部有意思的电影

    B. 女的没有看完电影

    C. 男的也去看电影了

8. 男：听说公司要派你出国学习半年，这么好的机会，你怎么拒绝了呢？
   女：我也觉得这是个好机会，但一方面我的孩子太小，需要人照顾，另一方面，我觉得年轻人比我更需要这个机会。
   问：关于女的，哪种说法是不正确的？（C）
   A. 她已经结婚了　　　B. 她把机会让给别人了　　　C. 她不愿意出国

9. 男：其实，这次比赛我本来是能拿第一名的，但我没有认真地准备。
   女：算了吧，我还不知道你吗？就会吹牛。
   问：女的是什么意思？（A）
   A. 她不相信男的说的话
   B. 她觉得男的能拿第一名
   C. 她知道男的没有认真准备

10. 男：张老师，您看我家小明这次考试又考成这样，这可怎么办呢？
    女：小明这孩子脑子也不笨，这次考试说起来还是老问题，出错的地方不是数字的顺序错了，就是少写一个数字。
    问：小明为什么考试考得不好？（C）
    A. 不聪明　　　　　B. 生病了　　　　　C. 不认真

三、听短文并做练习

1. 听后选择正确答案

中国的茶

中国人认为，茶和人们的健康有很大关系，喝茶可以减轻人疲劳的感觉，让人兴奋。因此从很早以前开始茶就受到中国人的重视和喜爱。

中国人喝茶既重视茶的好坏，也很重视泡茶的水。一般认为最好的是山上的水，第二是江里的水，第三是井里的水。

泡茶用什么温度的水也是有要求的。比如说，绿茶用水的温度，因茶叶质量的不同而不同。好的绿茶，用80度左右的水泡比较合适。茶叶越绿，水的温度应该越低。水温太高，茶水的颜色就会变黄，味道比较苦；水温太低，香味就会很淡。不太好的绿茶，就要用100度的开水冲泡。如果水温很低，茶水就没什么味道。泡绿茶要用玻璃杯来泡。泡好的茶最好在三十分钟到一个小时内喝完。

由于中国面积非常大，所以各地喝茶的习惯也很不相同。一般来说，北方人喜欢喝红茶，南方人喜欢喝绿茶，还有一些地方的人喜欢喝奶茶，奶茶就是在茶水里加入牛奶和盐。

（1）根据录音，下面哪一项不是茶的作用？（C）
　　　A. 让人兴奋　　　　B. 让人减轻疲劳　　　　C. 让人不生病

（2）泡茶用什么水最好？（A）

  A. 山上的水   B. 江里的水   C. 井里的水

（3）好的绿茶应该用多高温度的水来泡？（A）

  A. 80度左右   B. 90度左右   C. 100度左右

（4）泡不太好的绿茶，如果水温比较低，茶会怎样？（B）

  A. 变黄   B. 没味道   C. 很苦

（5）北方人喜欢喝什么茶？（A）

  A. 红茶   B. 绿茶   C. 奶茶

2. 听后判断正误

外国人怎么喝茶？

  中国是茶的故乡，中国人当然喜欢喝茶。除了中国，全世界还有一百多个国家和地区的人们也都喜欢喝茶，但各个国家喝茶的方式都不一样。斯里兰卡人喜欢喝浓茶，茶叶非常苦，他们却喝得很香。他们的红茶在世界上是非常有名的。在英国，茶是所有人都喜欢的饮料，几乎成了英国的民族饮料。他们也喜欢喝浓茶，并且放一两块糖，再加一点儿冰牛奶。泰国人喜欢在茶水里加冰，茶一下子就凉下来了，这就是冰茶。在泰国，当地人都不喝热茶，要喝热茶的都是外来的客人。在马里，人们喜欢饭后喝茶。他们把茶和水放入茶壶里煮，煮开后加上糖，每人倒一杯。在俄罗斯，冬天的时候人们常常会在茶里加一些酒来防止感冒。在埃及，人们接待客人时，常常会端上一杯热茶，里面放了很多糖，只要喝了两三杯这种甜茶，就甜得连饭也不想吃了。

（1）全世界有很多国家的人都喜欢喝茶。　　　　　　　　　　（√）

（2）茶差不多成了英国的民族饮料。　　　　　　　　　　　　（√）

（3）斯里兰卡人和英国人都喜欢喝浓茶。　　　　　　　　　　（√）

（4）在泰国，人们喜欢饭后喝茶。　　　　　　　　　　　　　（✗）

（5）俄罗斯人在茶里放酒是为了让茶味道更好。　　　　　　　（✗）

（6）英国人、马里人和埃及人都喜欢在茶里加糖。　　　　　　（√）

3. 听后回答问题

歌唱家的故事

  一位很有名的外国歌唱家受到邀请来中国演出。有一次在吃饭的时候，一个中国人对歌唱家说："对不起，我出去方便一下儿。"歌唱家没听懂什么意思，就问旁边的翻译，翻译告诉她："方便"的意思就是去厕所。歌唱家正在学汉语，所以就很认真地记下了这个词。演出获得了很大的成功。回国以后，很多歌迷给她写信，表示对她的喜欢。一位歌迷在信中说："我太喜欢您了，下次您再来中国，方便的时候能不能跟我合张影？"歌唱家看了以后非常生气，心想："我方便的时候怎么能跟你合影呢？"

(1) 歌迷在给歌唱家的信上写了什么？

(2) 为什么歌唱家看了歌迷的信很生气？她应该生气吗？

(3) "方便"这个词都有什么意思？

第五十课　复习（十）

一、听句子并选择正确答案

1. 别看他个子矮，篮球可打得挺不错的。

    问：下面哪句话是对的？（B）

    A. 因为他个子矮，所以篮球打得不好

    B. 虽然他个子矮，但是篮球打得挺好

    C. 他不但个子矮，而且篮球打得不好

2. 大白天的，睡什么觉啊，快起来跟我打球去。

    问：说话人是什么意思？（A）

    A. 现在是白天，不应该睡觉

    B. 睡了很长时间了，该起来了

    C. 白天的时间很长，应该去打打球

3. 上星期我去西安，火车上真是挤死了，想上的上不去，想下的下不来。

    问：通过这句话我们不知道什么？（A）

    A. 说话人没钱坐飞机去　　B. 火车上人特别多　　C. 上车下车都很难

4. 昨天睡觉时天气还挺好的，没想到，早晨一起床，外面已经飘起雪来了。

    问：说话人是什么态度？（B）

    A. 很生气　　　　　　B. 很吃惊　　　　　　C. 很高兴

5. 这件事我没帮上什么忙，你送我这么贵的礼物，我怎么好意思收呢？

    问：说话人是什么意思？（C）

    A. 他不好意思不收礼物

    B. 他不想帮朋友的忙

    C. 他不能收这件礼物

听力录音文本与参考答案

6. 在王经理的支持下，我们这项工作顺利地完成了，并且完成得非常好。

   问：下面哪句话是正确的？（A）

   A. 王经理很支持这项工作

   B. 这项工作很容易完成

   C. 我们的工作很辛苦

7. 你的手术做得很顺利，但身体完全恢复的话还需要一段时间。

   问：这句话是对谁说的？（B）

   A. 医生　　　　　　B. 病人　　　　　　C. 护士

8. 收到儿子从国外寄来的照片，老张看了一遍又一遍。

   问：收到儿子的照片后，老张怎么样？（C）

   A. 看了一遍　　　　B. 看了两遍　　　　C. 看了很多遍

9. 王明，你又不是没有参加过比赛，紧张什么？

   问：关于王明，哪种说法是错误的？（C）

   A. 比赛前很紧张　　B. 以前参加过比赛　　C. 不想参加这次比赛

10. 小王和小李两个人的关系啊，有时候好得像一个人似的，但是生起气来，见了面连招呼都不打。

    问：说话人觉得小王和小李怎么样？（C）

    A. 经常生气

    B. 见了面总是不打招呼

    C. 关系有时好有时坏

二、听对话并选择正确答案

1. 男：你不是说不来参加这项活动的吗？

   女：如果不是刘校长亲自邀请我的话，我才不来呢。

   问：下面哪句话是不正确的？（A）

   A. 女的没有参加这项活动

   B. 女的本来不想参加

   C. 刘校长亲自邀请了女的

2. 男：能不能再把你的车借我用用？

   女：上一次，好好的车被你撞了一下，我真不想再借给你了。不过，谁让咱们是朋友呢？

   问：女的是什么意思？（B）

   A. 男的不是她的朋友　　B. 可以把车借给男的　　C. 车已经被男的撞坏了

165

3. 男：五百五十块？你怎么给儿子买了这么贵的小汽车啊？
   女：明明一看就喜欢上了，连哭带闹地不肯走，我一时没办法只好买下来了。
   问：下面哪种说法是不正确的？（C）
   A. 男的觉得这个小汽车太贵了
   B. 明明非常喜欢这个小汽车
   C. 女的没给儿子买贵的东西

4. 男：看你这么高兴，肯定是今天考试考得不错。
   女：真让你说着了。
   问：女的是什么意思？（A）
   A. 男的说得对　　　　　B. 她不想告诉男的　　　　　C. 她说了很多真话

5. 男：你怎么了，眼睛红红的，昨天晚上开夜车啦？
   女：哪里，爱人出差了，儿子感冒发烧，躺在医院里呢，我昨天晚上就没睡觉！
   问：女的昨天晚上干什么了？（C）
   A. 出差了　　　　　　B. 开夜车了　　　　　　C. 照顾孩子了

6. 男：师傅，能不能开快一点儿，我要赶六点的火车呢。
   女：现在是下班时间，路上车这么多，我想快也快不起来啊！
   问：说话的两个人可能在哪儿？（C）
   A. 火车站　　　　　　B. 马路上　　　　　　C. 出租车上

7. 男：你说有钱人为什么非要买名牌儿不可呢？名牌儿它就是好啊。
   女：我看不见得吧。
   问：女的是什么意思？（A）
   A. 名牌儿不一定都好
   B. 没见过名牌儿衣服
   C. 没钱的人也喜欢名牌儿

8. 男：小雨这孩子太不像话了，敢偷钱去打游戏，看我怎么教训他。
   女：算了吧，不管他犯了多大的错误，都是你的儿子。
   问：女的觉得男的应该怎么对小雨？（B）
   A. 教训他　　　　　　B. 原谅他　　　　　　C. 鼓励他

9. 男：现在跟朋友联系真是越来越方便了，打电话啦，发 EMAIL 啦……，我已经好久不写信了，太麻烦。
   女：虽然写信没有打电话方便，我还是喜欢写信，而且一写就是好几页。
   问：下面哪句话不对？（B）
   A. 女的写信写得很长　　　B. 男的从来不写信　　　C. 两个人想法不一样

10. 男：三千块，这么贵的衣服啊？你也真舍得！
    女：那有什么舍不得的，挣钱就是为了花嘛，只要开心就好。
    问：女的是什么意思？（A）
    A. 她舍得花钱买衣服
    B. 她能挣很多钱
    C. 她觉得那件衣服不贵

三、听短文并做练习

1. 听后选择正确答案

喝酒时应该注意什么？

在中国，客人来家里吃饭，一定要用好酒来招待。一般来说，给客人倒茶的时候大半杯就行了，但是倒酒时，一定要倒满才表示尊敬。

敬酒的时候，先是主人向客人敬酒表示欢迎，然后是客人向主人敬酒表示感谢。别人给自己敬酒时一般不能拒绝，拒绝是不礼貌的，但如果确实喝不了也没关系，可以请别人替自己喝。

喝酒的时候也常常会干杯和碰杯。干杯时应该站起来，右手端起酒杯，或者用右手拿起酒杯后，再用左手托着杯底，然后喝光杯里的酒。在中餐里，干杯前，可以和对方碰一下酒杯，碰杯的时候不能用太大的力气。跟长辈或者主要客人碰杯时，应该让自己的酒杯比对方的酒杯低一点儿，表示你对对方的尊敬。干杯后还要互相给对方看一下杯底，表示自己把酒喝光了，这叫"照杯"。以前，如果碰了杯应该把酒喝完，但现在喝酒也不是碰了杯都要干的，不能喝酒的人为了表示敬意，也可以主动敬酒碰杯，但不一定干杯。

（1）给客人倒茶和倒酒时应该倒多少？（A）
   A. 倒茶倒大半杯，倒酒要倒满
   B. 倒茶要倒满，倒酒倒半杯
   C. 倒茶和倒酒都要倒满

（2）干杯的时候应该哪个手举杯子？（B）
   A. 左手举杯　　　　B. 右手举杯　　　　C. 两只手一起举杯

（3）什么叫"照杯"？（C）
   A. 喝完酒看一下自己的杯子
   B. 互相看一下对方的酒杯再喝酒
   C. 把酒喝光后给对方看一下杯底

(4) 晚辈与长辈碰杯时应该怎样？（B）
   A. 应该等长辈先来跟自己碰杯
   B. 碰杯时酒杯要比长辈的酒杯低
   C. 碰杯后应该让长辈先喝
(5) 下面哪种说法是不对的？（B）
   A. 主人应该先向客人敬酒
   B. 不会喝酒不要主动去碰杯
   C. 别人敬酒时一般不能拒绝

2. 听后判断正误

怎样喝酒不容易醉？

家里来了客人常常要喝酒，喝得少了，别人会觉得你不热情，喝得多了，就会醉。怎么办呢？这里有一些小方法可以防止你喝醉。

第一，不要空着肚子喝酒。因为肚子空着的时候酒精吸收得很快，人就容易醉。最好在喝酒之前吃点儿肉或者喝点儿牛奶，这样不但可以保护胃也不容易喝醉。

第二，不要和可乐、汽水等饮料一起喝，因为这些饮料也会让身体更快地吸收酒精。

第三，喝酒的时候，速度应该慢一点儿，喝得越快越容易醉。

第四，由于酒精比较伤肝，因此喝酒的时候应该多吃绿色的蔬菜，因为绿色的蔬菜有保护肝的作用。

第五，喝酒之后，要尽量喝点儿热汤，特别是鱼汤。

第六，酒后最好不要喝浓茶，可以喝点儿淡茶，也可以吃些水果。很多人酒后常常不吃饭，这样对身体是很不好的，应该吃一些容易消化的食物。

(1) 喝酒之前应该先吃点儿东西，这样就不容易喝醉了。（√）
(2) 如果一个人一边喝酒一边喝可乐就不会醉。（×）
(3) 喜欢喝酒的人应该多吃绿色蔬菜。（√）
(4) 酒后应该喝一杯浓茶。（×）
(5) 喝酒之后最好吃点儿饭。（√）

3. 听后判断正误

你不是要治肥胖病吗？

有一次，一个很胖的人去找医生治他的肥胖病。医生给他检查了身体，说："我的朋友，你只能活40天了。"胖子一听就哭起来了。回到家中，他躺在床上，跟谁都不说话，担心地等着死亡的到来。时间一天天地过去了，胖子也一天天地变瘦了。40天到了，他还没有死。于是，他生气地跑去问医生："你说我只能活40天，可是我现在还活着，你为什么骗我？"医生笑了起来，反问他："你不是要治肥胖病吗？"病人说："是的。""那你现在已经瘦下来了，还要怎么样呢？"这个人一听，一下子就明白了。

（1）这个胖子想变得瘦一点儿。　　　　　　　　　（√）
（2）胖子得了很严重的病，只能活四十天了。　　　（×）
（3）听说自己活不长了，胖子很难过。　　　　　　（√）
（4）这个医生给胖子检查身体检查错了。　　　　　（×）
（5）医生治好了胖子的肥胖病。　　　　　　　　　（√）

第五十一课　你给我介绍个中国女朋友吧

一、听句子并选择正确答案

1. 最近天气时冷时热，很容易感冒。
   问：从这句话，我们可以知道什么？（B）
   A. 最近天气实在很冷　　　　B. 最近天气变化很快
   C. 很多人感冒了　　　　　　D. 说话人不喜欢现在的天气

2. 小王，我知道你现在心里很难受，但那样的男人真的不值得你这样。
   问：说话人和小王可能是什么关系？（C）
   A. 夫妻　　　B. 恋人　　　C. 朋友　　　D. 母女

3. 不论发生什么事，我都站在你这边。
   问：说话人是什么意思？（D）
   A. 我和你一起做事　　　　　B. 我可以帮助你
   C. 我要跟你站在一起　　　　D. 我永远支持你

4. 小张平时很老实，没想到发起脾气来那么厉害。
   问：小张这个人一般怎么样？（A）
   A. 很老实　　　B. 脾气很大　　　C. 爱发脾气　　　D. 从来不发脾气

5. 这个孩子，要是把心思都放在学习上，早考上大学了。
   问：关于这个孩子，我们可以知道什么？（D）
   A. 早就考上大学了　　　　　B. 喜欢学习
   C. 只知道学习　　　　　　　D. 想很多学习以外的事

169

6. 过日子，哪儿有那么多浪漫，平平淡淡才是真。
   问：这句话的意思是什么？（C）
   A. 过日子没有浪漫　　　　　　B. 平淡的生活是对的
   C. 真实的生活是平淡的　　　　D. 我们要过平淡的日子

7. 你就不能少说两句吗？也不看看是在什么地方。
   问：说话人是什么语气？（B）
   A. 疑问　　　B. 不满　　　C. 好奇　　　D. 建议

8. 与其去看那样的电影，不如在家睡觉。
   问：说话人是什么意思？（D）
   A. 他想睡觉　　　　　　　　　B. 他想看电影
   C. 看电影比睡觉好　　　　　　D. 那个电影不好

9. 事情过去了就过去了，还提它干什么？
   问：说话人是什么意思？（A）
   A. 忘了过去了的事情吧　　　　B. 谈谈过去吧
   C. 别忘了过去　　　　　　　　D. 过去的事是什么

10. 妈妈怎么也不同意她跟小张结婚，没想到爸爸也不支持。
    问：关于她跟小张结婚，爸爸妈妈是什么态度？（D）
    A. 爸爸同意，妈妈不同意　　　B. 爸爸不同意，妈妈同意
    C. 爸爸妈妈都同意　　　　　　D. 爸爸妈妈都不同意

二、听对话并选择正确答案

1. 男：王力跟他女朋友结婚了没有？
   女：早就吹了。
   问：王力跟他女朋友怎么样？（C）
   A. 结婚了　　B. 还没结婚　　C. 分手了　　D. 刚分手

2. 男：听说有人给你介绍男朋友了，男孩儿怎么样？
   女：长得还凑合，工作也挺好，但就是没有共同语言，所以没谈下去。
   问：关于女的，我们可以知道什么？（C）
   A. 新交了一个男朋友　　　　　B. 他的男朋友很帅
   C. 还没有男朋友　　　　　　　D. 让男的帮她介绍男朋友

3. 男：对于事业，男人比女人看得更重。
   女：那可不一定。
   问：女的是什么意思？（D）
   A. 男人都很重视事业　　　　　B. 男人比女人重视事业
   C. 女人并不重视事业　　　　　D. 有的女人比男人更重视事业

听力录音文本与参考答案

4. 男：你看我光顾着跟你说话，都忘了给你倒水了。喝什么？茶还是咖啡？
   女：随便吧，什么都行。
   问：对话可能发生在什么地方？（D）
   A. 茶馆儿 B. 饭店 C. 咖啡馆儿 D. 家里

5. 男：今天真倒霉，让警察罚了两百块钱。
   女：谁让你不看红绿灯的？
   问：男的很可能是什么人？（A）
   A. 司机 B. 乘客 C. 警察 D. 售票员

6. 男：你怎么吐了？
   女：没事儿。我一闻到汽油味就想吐，现在打开窗户就好多了。
   问：关于女的，下面哪种说法是正确的？（C）
   A. 生病了 B. 喝醉了 C. 现在在车里 D. 想打开窗户

7. 男：小王夫妻俩感情挺好的，可是小王的妻子却跟他妈妈合不来。
   女：那就别在一起住呗。
   问：关于小王，我们可以知道什么？（B）
   A. 夫妻关系不好 B. 妻子和妈妈关系不好
   C. 不跟父母住在一起 D. 妻子跟妈妈感情挺好的

8. 男：小丁失恋了，肯定心情不好，别跟他开玩笑。
   女：又失恋了？我看他没一点儿伤心的样子嘛。
   问：女的是什么意思？（C）
   A. 小丁现在心情不好 B. 不要跟小丁开玩笑
   C. 她觉得小丁没有伤心 D. 小丁失恋让她很伤心

9. 男：这个工作越干越没意思，辞职算了。
   女：那你要考虑清楚，以后找不着更好的工作，想再回去可就难了。
   问：从对话，我们可以知道什么？（A）
   A. 男的对自己的工作不满意 B. 男的辞掉了现在的工作
   C. 女的觉得男的应该辞职 D. 男的和女的是同事

10. 男：不就是参加个舞会吗？我看你不打扮也挺好看的。
    女：你说的是实话吗？那我打扮一下不是更好看吗？
    问：他们在谈什么？（C）
    A. 怎么参加舞会 B. 舞会上该穿什么
    C. 女的要不要打扮 D. 男的是不是说实话

三、听对话或短文并做练习

1. 听后选择正确答案

我们列个清单

男：我的钱包里怎么只有一百多块钱了？

女：你问我吗？我还想问你呢？钱都花到哪儿去了？

男：这个月的水费、电费都交过以后，我的钱包里还有八百多块钱呢。

女：来，我们列个清单，帮你算算。

男：好。今天去了趟超市，花了一百二十几。

女：超市，120块，我写上了；昨晚在外面吃的，100块。

男：前天还买了张手机卡，100块；哦，上次还买了好多DVD，大概也要七八十块钱吧。

女：手机卡、DVD，都记下来了。你理发还花了几十块钱吧？

男：对，这些都加起来才四百多块。

女：还有呢？是不是自己藏起来了？

男：怎么可能呢？啊，对了，我同事上个星期结婚，我还给了两百块钱红包呢。

(1) 下面哪一种在清单中没有列出？（A）
    A. 水费   B. 手机卡   C. 去超市   D. 理发

(2) 男的钱包里现在大概有多少钱？（B）
    A. 80多   B. 100多   C. 400多   D. 800多

(3) 从这段对话可以知道什么？（D）
    A. 男的买了一百多块钱的DVD   B. 昨天的晚饭是女的付的钱
    C. 男的参加了一个朋友的婚礼   D. 男的花钱太快了

(4) 男的和女的可能是什么关系？（C）
    A. 同事   B. 朋友   C. 夫妻   D. 同学

2. 听后回答问题

帽在人在

某大学有个规定，上课的时候如果老师迟到十分钟，那么这次课就可以取消。顾教授有一个最大的特点，就是一年到头都戴着同一顶帽子，大家都认识那顶帽子。有一天是顾教授的课，9点上课。顾教授提前来到教室，看到学生们来得还不多，就把书和帽子放在讲桌上，到教师休息室去了。九点十分，等顾教授再回教室的时候，一个学生都没有了。顾教授很生气，第二次上课时，他对学生说："我的帽子在就说明我已经来了，帽在人在，你们不能随便离开。"第三次上课时，顾教授9点准时到教室，迎接他的是32顶帽子，学生一个都不见了。

(1) 那个大学有个什么规定？
(2) 顾教授第一次上课发生了什么事？
(3) 顾教授第二次上课时告诉学生什么？
(4) 顾教授第三次上课发生了什么事？

3. 听后选择正确答案

中国人的婚姻状况

中国人的婚姻状况二十年以来发生了很大的变化，一是中国家庭的人数越来越少，家庭变小。这其中有国家法律、政策的影响，也有人们想法的改变。1985年，中国家庭的平均人数是4.78人，到了现在，大部分城市家庭是3口人。

二是结婚年龄变大，1990年平均结婚年龄为22岁，1996年是24岁。到了2000年以后，结婚年龄更大了。而法律规定，男的满22岁，女的满20岁就可以结婚。

三是结婚花的钱越来越多。二十年前，结婚花几千块钱就不算少了，而且结婚时父母掏的钱比较多，现在年轻人开始自己负担。除了房子以外，请客办喜酒，买家电、家具，拍结婚照等得好几万。如果自己买房子的话，要花的钱就更多了。

四是离婚率不断升高。

五是再次结婚的人数增多。由于离婚、爱人去世等原因而再次结婚的人越来越多，人们也比以前更加理解这种情况。但是在二十年以前，再婚还会遭到人们的批评。

(1) 关于中国人婚姻状况的变化，下面哪个方面文中没有提到？（D）
  A. 家庭变小   B. 结婚年龄变大
  C. 离婚的情况越来越多   D. 跟外国人结婚的越来越多
(2) 中国法律规定的结婚年龄是多大？（A）
  A. 男22岁，女20岁   B. 男24岁，女22岁
  C. 男28岁，女26岁   D. 男30岁，女28岁
(3) 关于中国人现在的婚姻状况，下面哪种说法是正确的？（D）
  A. 家庭变小是因为法律的影响   B. 年轻人结婚，父母常常要花很多钱
  C. 再次结婚仍然不被人理解   D. 平均结婚年龄变大了

（4）关于结婚要花的钱，哪一项短文没有提到？（C）

  A. 拍结婚照 B. 请客办喜酒 C. 新婚旅行 D. 买家具家电

第五十二课　70年代出生的人

一、听句子并选择正确答案

1. 虽然经历了一些失败，然而我们还是会坚持到底。

  问：这句话的意思是？（B）

  A. 我们已经失败了 B. 我们曾经失败过

  C. 我们不想再做了 D. 我们最后会胜利

2. 小张说的话虽然听起来让人不太舒服，但确实很有道理。

  问：说话人觉得小张说的话怎么样？（A）

  A. 对 B. 不对 C. 很动听 D. 很容易接受

3. 孩子毕竟是孩子，做事情哪儿能考虑这么多？

  问：说话人对孩子的做法是什么态度？（A）

  A. 理解 B. 失望 C. 关心 D. 担心

4. 告诉你吧，知道这件事的远远不止你我两个人。

  问：几个人知道这件事？（D）

  A. 两个 B. 三个 C. 四个 D. 很多

5. 老王，你拍的照片我怎么眼睛都闭上了？重新拍张漂亮的吧。

  问：从这句话可以知道什么？（D）

  A. 老王把眼睛闭上了 B. 老王拍了一张漂亮的照片

  C. 我给老王拍了一张照片 D. 我想让老王再给我拍一张

6. 再也没有比妈妈恢复健康更让他高兴的了。

  问：从这句话可以知道什么？（D）

  A. 他身体不好 B. 他心情不好

  C. 妈妈一直很健康 D. 妈妈现在病好了

7. 以前他们的婚姻生活很幸福，然而第三者的出现改变了这一切。

  问：下面的说法哪一种是最正确的？（D）

  A. 现在他们家有三口人 B. 他们现在的生活很幸福

  C. 他们的一切都没有了 D. 别人破坏了他们的婚姻

8. 小林的嘴甜，人见人爱。

   问：关于小林，可以知道什么？（D）

   A. 喜欢吃甜的东西　　　　　　　B. 喜欢很多人

   C. 声音很好听　　　　　　　　　D. 很会说话

9. 房子我们买不起，但还租不起吗？

   问：关于房子，说话人的意思是什么？（B）

   A. 买不起也租不起　　　　　　　B. 买不起但租得起

   C. 买得起也租得起　　　　　　　D. 不知道租得起还是买得起

10. 参加这次教学会议的有来自全国各地的中小学教师、大学教授以及教育局的领导。

    问：什么人没有参加这次教学会议？（D）

    A. 领导　　　B. 大学教授　　　C. 中小学教师　　　D. 大学生

二、听对话并选择正确答案

1. 女：这个语法不是已经学过了吗？

   男：学是学了，但并不代表就懂了啊。

   问：关于这个语法，男的是什么意思？（B）

   A. 他还没学　　　B. 他还没懂　　　C. 很容易　　　D. 女的已经懂了

2. 男：图书馆的书你还了吗？

   女：别提了，暑假前忘了还了，开了学去还，罚了30块钱！

   问：从对话可以知道什么？（D）

   A. 现在是暑假　　　　　　　　　B. 男的在图书馆工作

   C. 女的还没有还书　　　　　　　D. 女的觉得自己很倒霉

3. 女：你们什么时候要孩子？

   男：房贷还没还完呢，再要孩子，我就别过日子了。

   问：下面哪种说法是正确的？（B）

   A. 男的想要孩子　　　　　　　　B. 男的生活比较紧张

   C. 男的不会过日子　　　　　　　D. 男的借了女的很多钱

4. 男：这种电影不值得去电影院看，买张DVD在家看看就行了。

   女：我可不这么认为，DVD效果差远了。

   问：女的是什么意思？（A）

   A. 应该去电影院看电影　　　　　B. 应该在家看DVD

   C. 去电影院或者看DVD都可以　　D. 既不去电影院也不看DVD

5. 男：你跟小王的婚事要推到什么时候啊？

   女：我们俩不是都忙嘛。

问：根据对话，下面哪种说法不正确？（C）
A. 男的问女的什么时候结婚　　　　B. 男的想让女的快结婚
C. 女的和小王马上就结婚　　　　　D. 女的和小王早就该结婚了

6. 男：作为一个学生，最关键的是学习，而不是谈恋爱。
   女：遗憾的是，不是所有的学生都这么认为。
   问：女的是什么意思？（C）
   A. 学生最重要的是学习　　　　　B. 学生谈恋爱也可以
   C. 有的学生觉得谈恋爱比学习重要　D. 有的学生觉得学习最重要

7. 男：现在的小孩子负担太重了。
   女：是啊，上那么多门课，每天作业都要做到九点多，周末还要去上兴趣班，一点儿玩儿的时间都没有。
   问：关于小孩子的负担，对话中没有提到？（C）
   A. 课多　　　B. 作业多　　　C. 考试多　　　D. 上兴趣班

8. 男：房子又涨价了？我们还是等等再买吧。
   女：越等越贵，买了算了。
   问：根据对话，下面哪种说法不对？（D）
   A. 房子越来越贵　　　　　　　　B. 男的现在不想买房子
   C. 女的现在想买房子　　　　　　D. 女的觉得房价无所谓

9. 女：您把外套给我吧，我帮您挂到衣服架子上。
   男：不用了，我搭在椅子上就行，谢谢。
   问：男的和女的可能是什么关系？（C）
   A. 夫妻　　　B. 同事　　　C. 客人和服务员　　D. 顾客和售货员

10. 女：晚上陪你吃饭的那个女人挺漂亮的啊。
    男：怎么叫陪我吃饭，是我陪她……，不对，不对，就是跟公司的客人一起吃个饭嘛，你吃什么醋啊？
    问：根据对话，下面哪种说法是对的？（D）
    A. 男的晚饭时吃醋了　　　　　　B. 男的晚上陪女的吃饭了
    C. 男的和女的是同事　　　　　　D. 女的有点儿不高兴

三、听对话或短文并做练习

1. 听后选择正确答案

80年代出生的人

男：嗨，好久不见。还在那个单位吗？
女：是啊，怎么，你又跳槽了？

男：是啊，前面那个老板没什么能力，脾气又差，竟然对我拍桌子。

女：你们80年代出生的人就是有个性，像我们在单位也常常会遇到不顺心的事情，但忍忍就过去了。

男：忍？那你每天过得多不愉快啊。

女：不像你说的那样。一些小事不必发脾气，跟同事搞好关系，你才能每天工作愉快啊。

男：我觉得工作中最重要的是工作能力。

女：工作能力当然重要，但跟同事的合作同样也很重要。毕竟一个人做不了所有的工作。

男：说得也是，我每次跳槽不是因为钱少，而是因为跟同事或老板合不来。

女：所以，没有一个轻松愉快的工作气氛，跟周围的人关系不好，你工作能力很强，但也做不好工作。经常跳槽总是麻烦的吧。

男：你说得有道理，看来，我要注意了。

(1) 男的这次为什么跳槽？（D）
  A. 工作条件不好   B. 钱太少
  C. 跟同事关系不好   D. 跟老板合不来

(2) 关于女的，哪种说法正确？（D）
  A. 她的老板脾气很差   B. 是80年代出生的
  C. 在单位心情不好   D. 现在的工作还可以

(3) 根据对话，80年代出生的人有什么特点？（A）
  A. 有个性   B. 常常忍
  C. 工作能力强   D. 很有钱

(4) 工作中可能有什么情况？（B）
  A. 每天都很愉快   B. 有很多不顺心的事情
  C. 一个人做完所有的工作   D. 老板常常拍桌子

2. 听后判断正误

共同财产

  苏小杰和林一佳是广州某大学的学生，大二下学期，两人开始谈恋爱，同时也有了一些"共同财产"，相机、自行车、电脑这些大学生活中少不了的东西是他们一起买的，也一起用。然而，到了大四，马上就要毕业离开校园了，两人之间出现了问题。苏小杰因为家在北京，父母希望他能回北京工作，而林一佳在广州找到了一份满意的工作，林一佳希望苏小杰能够为自己留下来。然而苏小杰不想让父母失望，再加上他也没在广州找到合适的单位，所以他提出了分手。分手本来已经让人不愉快，两人近万元的"共同财产"又带来了新的矛盾。林一佳觉得自己是女孩子，苏小杰应该把这些东西让给自己。而苏小杰却因为林一佳没能跟自己回北京很不高兴，不想让自己再受损失。最终两人把所有东西卖掉了，得到的钱一人一半。

（1）苏小杰和林一佳都是广州人。　　　　　　　　（×）
（2）他们是大二开始谈恋爱的。　　　　　　　　　（√）
（3）自行车、手机、电脑是他们俩一起买的。　　　（×）
（4）苏小杰在北京找到了工作。　　　　　　　　　（×）
（5）两人分手时很不愉快。　　　　　　　　　　　（√）

3. 听后回答问题

男人和女人

和许多家庭一样，他们曾经那么热烈地相爱过，但是日子越来越平淡，两个人好像怎么也找不到原来的感觉了。

于是，他开始上网聊天儿，在网上寻找新鲜的感觉。一天，他在一个网站看到一个名叫"深秋的红叶"写的文章，写的是一个女人对婚姻对生活的失望。那优美的文字深深打动了他。他不明白，一个感情这样丰富的女子，她的丈夫怎会不知道爱她？他忍不住翻看了那女人的资料，没想到她的信箱就是妻子的！他一下子明白了，妻子的名字不正是"叶"吗？自己怎么忘了，妻子大学时文章写得很好。

他走进厨房，用手从后面抱住妻子的腰，"我们吃完饭出去散步吧。"妻子有些惊奇，"太阳从西边出来了？你不上网了？"他转过妻子的身，看着那其实很好看的脸，"我以后天天陪你散步。"人们常说身边没有风景，其实风景常常就在你身边。

（1）男的和女的现在的生活怎么样？
（2）男的为什么上网？
（3）上网时男的被什么打动了？
（4）男的发现了什么？接着,他对妻子的态度有什么变化？
（5）录音中最后一句话"人们常说身边没有风景，其实风景常常就在你身边。"是什么意思？

第五十三课　看电影，学文化

一、听句子并选择正确答案

1. 我们一家的生活就靠爸爸的工资。在我们国家，这种情况很多。

    问：从这句话，我们知道什么？（C）

    A. 爸爸的收入只有工资　　　　B. 爸爸工资很高

    C. 妈妈没有工作　　　　　　　D. 我们家生活不好

2. 你凭什么不让我进去？你不是看过我的证件了吗？

    问：说话人是什么语气？（A）

    A. 气愤　　　B. 失望　　　C. 怀疑　　　D. 难过

3. 小王有事情自己不跟老板说，非把我推到前面去。

    问：下面哪种说法是正确的？（B）

    A. 小王把我推到老板前边　　　B. 小王让我替他跟老板说事情

    C. 小王不管自己的事情　　　　D. 我跟老板说自己的事情

4. 他上课的时候总是不能集中精力，老师让他回答问题，他连问题是什么都不知道。

    问：他上课的时候可能在做什么？（C）

    A. 认真听课　　B. 回答问题　　C. 想别的事情　　D. 自己学习

5. 我的童年是在外婆家度过的，虽然没有电视、电脑，但没有爸爸妈妈管，所以那时候每天都玩儿得很痛快。

    问：说话人是什么意思？（D）

    A. 外婆家很舒服　　　　　　　B. 外婆家的生活条件很好

    C. 我一直在外婆家生活　　　　D. 小时候在外婆家过得很好

6. 我最讨厌那些乱传别人的事情的人。

    问：说话人不喜欢什么样的人？（B）

    A. 关心别人的人　　　　　　　B. 乱说别人事情的人

    C. 家里很乱的人　　　　　　　D. 说话不清楚的人

7. 昨天下午我从外边回到留学生宿舍，正好看到丽丽上了一辆汽车出去了，开车的是个中国小伙子。

    问：昨天下午有什么事情？（B）

    A. 我在宿舍里，没有出去　　　B. 丽丽和一个中国人在一起

    C. 丽丽坐出租车出去了　　　　D. 丽丽和男朋友约会去了

8. 应留学生的要求，学校的网吧今年春节期间照常开放。

　　问：关于学校的网吧，我们可以知道什么？（D）

　　A. 平常不开　　　　　　　　B. 春节时也不开

　　C. 是留学生开的　　　　　　D. 今年春节开放

9. 今年的票房冠军不是外国电影，而是国产电影。

　　问：关于今年的电影，下面哪种说法正确？（C）

　　A. 赚钱最多的是外国电影　　B. 获奖的是外国电影

　　C. 赚钱最多的是国产电影　　D. 获奖的是国产电影

10. 老王冒着生命危险救了那个小孩儿，而那个小孩儿的父母却怕负担老王的医药费，连声谢谢都没说就偷偷走掉了。

　　问：关于那个小孩儿的父母，我们可以知道什么？（D）

　　A. 不知道老王受伤了　　　　B. 把老王送到了医院

　　C. 非常感谢老王　　　　　　D. 不想负担老王的医药费

二、听对话并选择正确答案

1. 男：我想跟张华合作做生意。

　　女：那个人靠不住。

　　问：女的是什么意思？（D）

　　A. 张华做生意做得不好　　　B. 张华不想跟我们合作

　　C. 男的不适合做生意　　　　D. 不能相信张华

2. 男：你儿子可真有本事，小小年纪就敢一个人出国旅行。

　　女：他出国前专门找英国朋友聊过，还上网查了很多资料。

　　问：关于女的的儿子，我们可以知道什么？（A）

　　A. 去英国旅行了　　　　　　B. 经常跟外国朋友聊天

　　C. 有一个朋友在英国　　　　D. 旅行时带了一个笔记本电脑

3. 男：你跟你的邻居熟吗？

　　女：别说熟了，连话都没说过。

　　问：女的和邻居怎么样？（D）

　　A. 很熟　　　　B. 不熟　　　　C. 关系不好　　　　D. 不认识

4. 男：那个明星在电影里的功夫真不错。

　　女：你不知道吧？他的很多危险动作其实都是找人代替的。

　　问：关于那个明星在电影里的表现，女的是什么意思？（D）

　　A. 功夫挺好的　　　　　　　B. 功夫是最厉害的

　　C. 武打动作都让别人替他做　D. 很少亲自做危险动作

5. 男：没想到他做的红烧鱼那么好。
   女：他很喜欢做菜。红烧鱼是他的拿手菜之一，其他像酸菜鱼、鱼香肉丝等做得也都非常好。
   问：下面哪种说法是正确的？（C）
   A. 他最拿手的是红烧鱼　　　　　　B. 他最喜欢的是红烧鱼
   C. 他酸菜鱼、鱼香肉丝也很拿手　　D. 他只会做三个菜

6. 男：她都54岁了？还真是看不出来，说她34也有人相信。
   女：明星嘛，就靠相貌，还能让你看着像64？
   问：那个明星多大年纪？（C）
   A. 34　　　　　B. 40　　　　　C. 54　　　　　D. 64

7. 女：这个冬天又冷又长，什么时候才能到头啊？
   男：都三月了，也冷不了几天了。
   问：下面哪种说法是正确的？（A）
   A. 女的希望冬天早点儿结束　　B. 三月就不冷了
   C. 男的觉得冷的时间并不长　　D. 男的觉得这几天不冷

8. 女：你今天的表演很成功啊，结束时观众们都拼命为你鼓掌。
   男：要没有大家的支持和鼓励，就没有我的今天。
   问：男的是什么意思？（B）
   A. 表演得到了好评
   B. 成绩是靠大家得来的
   C. 没想到演得那么好
   D. 有今天的成绩很不容易

9. 男：听说小张上班的路上包被人抢了，钱包、钥匙、证件都在里面，连家都回不了了。
   女：真的？怎么会发生这种事？报警了吗？
   问：女的想知道什么？（D）
   A. 谁抢了小张的包　　　　B. 小张的包里有什么
   C. 小张为什么不能回家　　D. 是不是告诉警察了

10. 男：老王的儿子在数学方面真是个天才，无论什么数学竞赛都能拿奖。
    女：是啊，能在这种国际竞赛中得奖是很不容易的。
    问：关于老王的儿子，我们可以知道什么？（A）
    A. 参加了一个国际竞赛　　B. 多数竞赛都能得奖
    C. 各方面都是个天才　　　D. 最喜欢数学

三、听短文并做练习

1. 听后选择正确答案

中国功夫

马特是一位来自非洲的留学生,现在在南京学习汉语,以后要去上海学习计算机。当初他选择来中国留学,还有一个特别的目的——学"中国功夫"。"等到了中国以后,我才发现原来中国的学校不教功夫啊!"提到这点,马特显得有些失望。

在马特的国家,人们认为中国人都会功夫,而且中国的学校也会教功夫。很多来中国留学的外国学生几乎都有着这样的共同经历——他们熟悉并且很迷李小龙、成龙,能说出他们主演的很多中国功夫电影的内容。

虽然因为学习紧张,没有很多时间去学中国功夫,但马特来中国并不感到遗憾,他说:"我在这儿遇到了很多很友好的中国人,还学会了说汉语,收获特别大。至于中国功夫嘛,我回国的时候踢两下儿腿,装出有'中国功夫'的样子就行了。"

(1)马特现在在中国学什么?(A)

    A. 汉语   B. 计算机   C. 中国功夫   D. 中国电影

(2)马特来中国后发现了什么?(C)

    A. 中国人都会功夫   B. 中国的学校都教功夫

    C. 中国人很友好   D. 中国人很迷中国的功夫明星

(3)根据录音,下面哪种说法正确?(A)

    A. 马特现在在南京学习

    B. 马特现在是上海大学的学生

    C. 马特是为了学中国功夫才来中国的

    D. 马特来到中国感到很遗憾

2. 听后回答问题

掩耳盗铃

古时候,有个人路过一户人家的时候,看到那个人家的屋檐下挂着一个漂亮的铃铛,这个人心里非常喜欢,就想,要是这个铃铛挂在我家多好啊。他向四周看了看,没有一个人,就决定把那个铃铛偷回家。但是,在他动手前,他忽然想到如果用手去摘铃铛的话,铃铛肯定会发出声音,那么就会被里面的人听到,那自己就偷不成铃铛了,而且还会被抓住。那怎么办呢?他想:人有耳朵,所以才能听见声音。那么如果把耳朵捂住,不就听不到铃铛发出的声音了吗?哎呀,我真是太聪明了。他高兴地一边用一只手捂住自己的耳朵,一边跑上前去,用另一只手去摘铃铛。谁知,他的手刚一碰到铃铛,就从房子里面跑出一个人。那个人看到他在摘铃铛,就大声喊:"抓小偷啊!"很快,来了很多人,他们一起把偷铃铛的人抓住了。偷铃铛的人怎么也不明白,自己已经把耳朵捂住了,别人怎么还能听到铃铛的声音呢?

(1) 那个人为什么想偷铃铛?那个铃铛在哪儿?
(2) 那个人打算怎么偷铃铛?
(3) 那个人偷到了铃铛了吗?为什么?
(4) 那个人知道自己为什么被抓住了吗?你知道了吗?

3. 听后判断正误

李小龙传奇

中央电视台拍摄了一部《李小龙传奇》,讲述了中国著名的武术大师李小龙的传奇经历。制片人向记者介绍说,他们在准备拍摄前就联系了李小龙的女儿,李小龙的女儿同意拍摄并给了他们很多父亲的资料。剧中演李小龙的演员和李小龙长得非常像,功夫也不错,曾经演过不少功夫电影。剧中李小龙的师父本来想请成龙来演。但最后是请了另外一个武打明星演的。

《李小龙传奇》讲述了李小龙从少年时代一直到去世的人生经历。除了武术,剧中还反映了李小龙很多的感情生活,像他的初恋,就是在这个剧中第一次讲述给观众的。

这部戏2007年4月在李小龙的家乡广东开机拍摄,后来又到香港、美国等地取景。2008年10月在中央电视台播出后,获得了巨大的成功。

(1) 中央电视台和李小龙的女儿合作拍摄了《李小龙传奇》。　　(×)
(2)《李小龙传奇》中演李小龙的是成龙。　　(×)
(3)《李小龙传奇》讲述李小龙从出生到去世的整个过程。　　(×)
(4)《李小龙传奇》是在香港开拍的。　　(×)
(5) 观众很喜欢看《李小龙传奇》。　　(√)

第五十四课　该吃的吃，该喝的喝

一、听句子并选择正确答案

1. 老王最近常常发低烧，他原以为只是小小的感冒，谁知道竟然是癌症。
   问：关于老王，下面哪种说法是正确的？（D）
   A. 最近感冒了　　　　　　　　B. 发烧很厉害
   C. 觉得自己没病　　　　　　　D. 没想到自己会得癌症

2. 妻子常常抱怨他这也不好那也不好，要换了别人，早就生气了，他却不在乎。
   问：从这句话可以知道什么？（D）
   A. 妻子常跟他吵架　　　　　　B. 妻子要跟他离婚
   C. 他很生妻子的气　　　　　　D. 他觉得妻子的抱怨没什么

3. 你那个朋友真能说，拉着我的手一说就是两个小时，谁能知道他跟我这个外国人是第一次见面啊。
   问：那个朋友怎么样？（D）
   A. 说话很好听　　B. 会说外语　　C. 对外国人很热情　　D. 很爱说话

4. 那个人买青菜，专挑不新鲜不漂亮有虫子的，真是脑子有毛病。
   问：那个人怎么了？（C）
   A. 生病了　　　B. 心不好　　　C. 只买不好的菜　　D. 只买新鲜的菜

5. 过年期间，各大商场纷纷打折，吸引了大量的顾客，收入也翻了一番。
   问：下面哪种说法是过年时的情况？（D）
   A. 人们的收入都很多　　　　　B. 所有的商店都打折
   C. 商场的顾客比平时多一倍　　D. 商场赚的钱比平时多一倍

6. 你去超市的时候顺便帮我买张报纸吧，省得我再换衣服出去了。
   问：说话人想做什么？（D）
   A. 去超市　　　B. 自己去买报纸　C. 换衣服　　　D. 请别人帮忙

7. 你到底怎么想的？你给我说实话呀。
   问：说话人是什么语气？（A）
   A. 着急　　　　B. 安慰　　　　C. 气愤　　　　D. 鼓励

8. 小林的丈夫两年前辞职了，自己做生意做得钱包越来越鼓了。
   问：下面哪种说法正确？（C）
   A. 小林的丈夫现在没有工作　　B. 小林和丈夫一起做生意
   C. 小林家越来越有钱了　　　　D. 小林家做钱包生意

9. 老王的儿子不是名牌大学毕业的吗？找工作怎么还四处碰壁？

   问：关于老王的儿子，我们知道什么？（D）

   A. 还没大学毕业　　　　　　　B. 不是名牌大学的毕业生

   C. 找工作时碰到很多人　　　　D. 现在还没找到工作

10. 一个戴眼镜的人坐在办公桌后面，翻了翻我的资料，又打量了我一下，然后说："你为什么想当空姐？"

    问："我"可能是什么人？（C）

    A. 空姐　　　　　　　　　　　B. 职员

    C. 找工作的人　　　　　　　　D. 在机场工作的人

二、听对话并选择正确答案

1. 女：这黄瓜可得削了皮儿再吃，要是打过药的话，是洗不干净的。

   男：那么新鲜的黄瓜怎么会打药呢？就你讲究。

   问：根据对话，我们可以知道什么？（D）

   A. 黄瓜打过药　　　　　　　　B. 黄瓜没有洗干净

   C. 男的要给黄瓜削皮儿　　　　D. 女的很讲究卫生

2. 女：抽烟对身体不好。

   男：不要紧，我都抽了几十年了，也没见有什么毛病。

   问：男的是什么意思？（B）

   A. 抽烟对身体不好　　　　　　B. 抽烟没关系

   C. 抽烟是一种坏习惯　　　　　D. 抽烟最后肯定要生病

3. 女：这次考试的时候我给同学递了张纸条，他就考及格了。

   男：你觉得这是在帮他吗？

   问：下面哪种说法不正确？（D）

   A. 女的考试的时候帮助同学了　B. 男的觉得女的做得不对

   C. 女的的同学常常考不及格　　D. 女的的同学这次考得很好

4. 女：这花怎么被我养得一点儿精神都没有？我天天都给它浇水、晒太阳啊。

   男：养这种花不用太管它，我看你是帮倒忙了。

   问：关于这种花，下面哪种说法正确？（D）

   A. 长得很快　　　　　　　　　B. 长得很有精神

   C. 需要人的照顾　　　　　　　D. 不能天天浇水、晒太阳

5. 男：那个人还追我妹妹呢，他自己也不照照镜子。

   女：说不定你妹妹能看上他呢。

185

问：下面哪种说法正确？（B）

　　A. 有个人偷偷喜欢男的的妹妹　　B. 那个人条件远不如男的的妹妹

　　C. 约会前应该先照照镜子　　　　D. 男的的妹妹看不上那个人

6. 女：这么好的东西，您还犹豫什么呀。您要是买的话，我们还帮您把东西送到家。

　　男：我得打个电话问问我妻子的意见。

　　问：说话的两个人可能是什么关系？（C）

　　A. 夫妻　　　　B. 同事　　　　C. 顾客和售货员　　　　D. 司机和乘客

7. 男：把你 HSK 的辅导书借给我看看吧，我准备参加今年 6 月份的考试。

　　女：你拿去用吧，不用还了，反正我也用不着了！

　　问：根据对话，下面哪种说法不正确？（A）

　　A. 男的要参加 HSK 辅导　　　　B. 女的把书送给男的了

　　C. 男的不用把书还给女的了　　　D. 女的不需要 HSK 辅导书了

8. 男：我在公司里经常要加班，还常替别人干活儿，钱却不如他们多。

　　女：年轻人刚工作吃点儿亏是好事。

　　问：女的是什么意思？（C）

　　A. 男的做了很多好事　　　　　　B. 男的是年轻人，应该多加班

　　C. 男的刚工作，多做点儿事有好处　D. 男的吃点儿亏不是大事

9. 男：来就来吧，还带那么多东西干什么？

　　女：一点儿小意思。

　　问：这个对话可能发生在什么地方？（A）

　　A. 男的家　　　B. 女的家　　　C. 男的办公室　　　D. 女的办公室

10. 男：我们家大伟这次给你添麻烦了。

　　女：我们都是老熟人了，还客气什么呀。

　　问：根据对话，我们可以知道什么？（C）

　　A. 男的给女的带来了很多麻烦　　B. 男的帮助了女的

　　C. 男的和女的很熟　　　　　　　D. 大伟可能是男的和女的的孩子

三、听短文并做练习

1. 听后选择正确答案

一次买菜

　　菜场的菜真多啊！买什么好呢？我左看看，右看看，什么都想买。忽然，我看到了绿绿的青菜，对，就买青菜吧。俗话说，青菜豆腐保平安。我走过去，问了价钱，

挺贵的,要一块钱一斤呢。这时,我想起了妈妈教我的还价的方法,分三步。第一步是:说菜的缺点,使卖菜的人觉得自己的菜不值那么高的价钱。我想了想,说:"大姐,你看,你的青菜好像被虫子咬过呀。你就便宜点儿,六毛一斤吧!"没想到,她却说:"姑娘,青菜被虫咬了才说明这青菜没有用过药呀,说实话,我这已经是很低的价钱了,这样吧,我给你算九毛钱一斤。"

我想,第一步不行,该用第二步了,第二步是:说自己身上只有那么多的钱,使卖菜的人觉得自己再怎么说也是没用的。于是,我对她说:"我只有六毛钱呀,你反正只有这点儿了,六毛都卖给我吧。"她看了我一眼,笑着说:"姑娘,你手里好像有两个大硬币呢,不止六毛钱吧?"真是气死我了,我竟然没把钱藏好!

第二步也不行,第三步肯定是有用的,那就是:不买了。我装作不高兴地说:"六毛一斤,你不卖就算了,我不买了。"她见我要走,马上说:"姑娘,八毛一斤你买不买?"我没理她,她又急忙说:"七毛,七毛了。"她见我仍然不理她,只好说:"六毛就六毛吧,卖完了好回家。"我心中高兴极了,这方法还真灵呀。我马上挑了菜,付了钱,提着青菜回家了。

(1)文中买菜的是什么人?(A)

A. 年轻女孩子　　　B. 爸爸　　　C. 妈妈　　　D. 大姐

(2)"我"还价时用的方法中的第二步是什么?(B)

A. 说菜的缺点　　　　　　　B. 说自己只有那么多钱

C. 把钱藏起来　　　　　　　D. 假装不买了

(3)"我"还价以后买的菜多少钱一斤?(D)

A. 一块　　　B. 九毛　　　C. 八毛　　　D. 六毛

(4)下面哪种说法正确?(B)

A. "我"也想买豆腐　　　　　B. 青菜被虫子咬过

C. 青菜上面打过药　　　　　D. 还价的时候我很生气

2. 听后判断正误

眼睛和鼻子

眼睛因为太疲劳,得了严重的近视。医生检查过以后说,必须要戴一副五百度的眼镜,才能正常地进行工作。眼睛把这件事告诉鼻子,跟鼻子商量戴眼镜的事儿。鼻子听说要在它身上放上两片很重的玻璃,便表示不同意。

眼睛没有办法,只好一天到晚眯着做事。有一回走在路上,前面有一堵墙,眼睛看不清,一头撞了过去。鼻子在最前边,最先倒了霉,一下子被撞歪了,血直往下流。

鼻子气得要命，骂眼睛，眼睛说："实话告诉你，你要是再不让我戴眼镜，撞墙碰壁的日子还在后头呢！"

(1) 眼睛太累了，所以得了近视，但不太厉害。　　　　(×)
(2) 眼睛想戴眼镜，但鼻子不同意。　　　　　　　　　(√)
(3) 没有眼镜，眼睛一点儿也看不见。　　　　　　　　(×)
(4) 眼睛看不清，鼻子先倒霉。　　　　　　　　　　　(√)
(5) 这个故事告诉我们，对别人好就是对自己好。　　　(√)

3. 听后回答问题

拔苗助长

古时候有个农民种了几亩田，他一家人就靠这些田生活。无论刮风下雨还是太阳暴晒，他每天都得辛苦地在田里干活儿。所以，他非常希望自己的禾苗能长得快一些。有一天，他在田里干活，看着禾苗，总觉得每天都那么高，一点儿都没长，心里特别着急。"怎么长那么慢呢？这样的话，我什么时候才能收获到粮食呢？不行，我要帮它们长高一点儿。"他一边想一边开始拔禾苗。他干了一上午，累得满头大汗，腰都直不起来了，终于把田里的禾苗一个一个地拔高了。他一边擦汗，一边看着都"长"高了的禾苗，满意得不得了。

他回到家吃午饭时，得意地把这件事告诉了家人。家人都惊讶得说不出话来。他的妻子连饭都没吃，赶快跑到田里，一看，被拔高了的禾苗一个一个低着头，在太阳底下已经被晒死了。

(1) 那个农民为什么要拔禾苗？他是怎么拔的？
(2) 禾苗长高了吗？为什么？
(3) 这个故事告诉我们一个什么道理？
(4) 请用自己的话讲一下这个故事。

第五十五课　复习（十一）

一、听句子并选择正确答案

1. 你看她高兴的样子，显然还不知道那件事呢。
   问：从这句话可以知道什么？（C）
   A. 她只是表面上很高兴　　　B. 她其实心里并不高兴
   C. 她还不知道那件事　　　　D. 那件事是好事

2. 又下雨，又是下班高峰，能打到车才怪呢。（C）

　　问：说话人是什么意思？
　　A. 今天天气不好　　　　　B. 应该打车去上班
　　C. 这会儿打不到车　　　　D. 出租车太挤

3. 一点儿困难就把你压倒了？我不相信。现在暂时有些不顺利，但实际上成功已经离你不远了。

　　问：说话人是什么语气？（A）
　　A. 鼓励　　　B. 抱怨　　　C. 失望　　　D. 生气

4. 那个男人表面上高高兴兴的，其实他夹在妻子和母亲中间，日子不太好过。

　　问：从这句话我们可以知道什么？（D）
　　A. 男人的生活很困难　　　　B. 男人的生活很不幸福
　　C. 男人的妻子和母亲都没有工作　　D. 男人的妻子和母亲可能关系不太好

5. 考试时不要伸长脖子，东看西看，老实点儿！

　　问：说话人认为考试时不应该怎么做？（D）
　　A. 老实地坐　　B. 认真地做　　C. 伸长胳膊　　D. 看同学的

6. 我得去一下售票处，他们把我的名字写错了。

　　问：说话人要去做什么？（D）
　　A. 买车票　　B. 换车票　　C. 买机票　　D. 换机票

7. 现在的汽车是买得起，养不起啊。（B）

　　问：说话人是什么意思？
　　A. 汽车太贵　　B. 用车太贵　　C. 有钱买汽车　　D. 没钱买汽车

8. 她们俩好得跟亲姐妹一般，什么话都跟对方说。

　　问：关于她们俩，我们知道什么？（C）
　　A. 是亲姐妹　　B. 是一般朋友　　C. 关系很好　　D. 长得很像

9. 小红，下午你去图书馆的时候帮我占个位子，我现在还在市中心，可能要晚回去一会儿。

　　问：从这句话中可以知道什么？（C）
　　A. 现在是下午　　　　　　B. 图书馆的位子很少
　　C. 可能在图书馆学习的人很多　　D. 小红去图书馆比较晚

10. 约40%的北京人上班需要花1小时以上的时间。而在20分钟以内就能到达工作地的仅占5%。

　　问：有多少北京人上班花20分钟以上1小时以内？（D）
　　A. 5%　　　B. 40%　　　C. 45%　　　D. 55%

189

二、听对话并选择正确答案

1. 女：今天别骑自行车了，路滑，小心摔倒。
   男：一点儿冰不要紧。（B）
   问：女的为什么不让男的骑自行车？
   A. 男的生病了　　　　　　　B. 路上结冰了
   C. 外边下雪了　　　　　　　D. 自行车摔坏了

2. 女：爸爸，你看这是我练的字。
   男：我看你是只要数量不要质量啊。
   问：从男的的话可以知道什么？（A）
   A. 女孩儿写了很多字　　　　B. 女孩儿觉得自己的字不错
   C. 女孩儿写的字很漂亮　　　D. 女孩儿不需要练字

3. 女：小江经常夸你这个男朋友好，又帅又会关心人。
   男：啊？我一向把她当成妹妹的。
   问：从对话，可以知道什么？（C）
   A. 男的是小江的哥哥　　　　B. 男的是小江的男朋友
   C. 男的和小江之间有误会　　D. 小江有一个非常好的男朋友

4. 女：今天的雾好大啊！
   男：我说得坐火车吧，要是听你的坐汽车，我们今天就得晚上才到上海了。
   问：从对话可以知道什么？（B）
   A. 今天有雾，汽车不能开　　B. 男的和女的坐火车去上海
   C. 男的原来打算坐汽车　　　D. 他们晚上才能到上海

5. 男：你真厉害，这份工作几十个人竞争呢。
   女：哪里，哪里，我只是运气比较好。
   问：关于女的，我们可以知道什么？（C）
   A. 女的比男的运气好　　　　B. 女的比男的厉害
   C. 女的很谦虚　　　　　　　D. 十几个人都比不过女的

6. 男：同志，请遵守交通规则，不能骑车带人。
   女：对不起，我下次注意。
   问：男的可能是什么人？（D）
   A. 骑车人　　　B. 坐车人　　　C. 路人　　　D. 警察

7. 男：请问，补票到几号车厢？
   女：8号，不过卧铺票已经没有了。
   问：这段对话发生在哪儿？（B）
   A. 地铁上　　　B. 火车上　　　C. 公共汽车上　　　D. 长途汽车上

8. 女：怎么排这么长的队？
   男：这不快过年了吗？坐车的人多，能提前10天订票，谁不想早点儿买到票，早点儿回家啊？
   问：说话人打算做什么？（D）
   A. 排队　　　　B. 等车　　　　C. 坐车　　　　D. 买票

9. 女：还疼吗？换了这次药就不用再来了。以后开车慢点儿，这次算你运气好，只碰破了点儿皮，下次可就难说了。
   男：肯定没有下次了。
   问：两人最可能在哪儿？（C）
   A. 家里　　　　B. 车里　　　　C. 医院里　　　D. 药店里

10. 女：他的病据医生说好不了了。
    男：医学上的事情很难说的。
    问：关于他的病，男的是什么意思？（B）
    A. 不会好了　　　　　　　　B. 也有好的可能
    C. 不要相信医生说的话　　　D. 医生也说不准

三、听短文并做练习

1. 听后选择正确答案

王丽的电动自行车

王丽以前骑自行车上班，一趟要二十几分钟，还是挺累的。最近她买了辆电动自行车，省力多了，骑上去只要掌握好方向就行，同时还能节省一半的时间。电动自行车仍然有自行车的功能，也就是说，电动自行车也可以不用电池，或者电池没电的时候就可以把它当普通的自行车骑，这样也能锻炼身体。

王丽很喜欢她的电动自行车，也很担心被偷。所以，她买了三把锁，前面一把，后面一把，还有一把用来把电动自行车锁在旁边的栅栏上。用了这个办法，王丽想她的车肯定安全了。可没想到，有一天下班时，她去推车，发现她的车虽然在，但车上的电池却不见了。电动车两千块钱多一点儿，而电池就要八百多块钱呢，王丽心疼死了。看来以后要把电池拿下来放在家或放在办公室了。

（1）王丽骑电动车上班需要多长时间？（A）
　　A. 10分钟　　B. 20分钟　　C. 25分钟　　D. 30分钟
（2）下面哪个不是电动车的好处？（C）
　　A. 省时　　　B. 省力　　　C. 省钱　　　D. 锻炼身体

(3) 王丽的电动车大概多少钱?（B）
　　A. 八百　　　B. 两千　　　C. 两千五　　　D. 两千八
(4) 关于王丽的电动车，下面哪种说法正确？（C）
　　A. 有两把锁　　　　　　　　B. 一定要用电池才能骑
　　C. 电池是在单位被偷的　　　D. 电池要放在家里才安全

2. 听后判断正误

驴子过河

驴子背着一袋盐过河，走到中间，滑了一下，倒在水里，盐化掉了一些，它站起来时，觉得轻松多了，这件事使它很高兴。后来有一天，它背着海绵过河，走到中间的时候，它以为再摔倒站起来，一定也会轻松许多，所以就故意滑倒了。谁知这一次，不但没有变轻松，而且连站也站不起来了。原来海绵吸饱了水，像一座山一样压在它身上，最后把它淹死在水里了。其实，人不也是如此吗？有些人总是抱着经验，以为经验就是真理，就是成功。经验是有好的，但不是所有的经验都是正确的。世界是变化发展的，万事万物每分钟都在变化。我们用的方法也应该随着条件、环境的改变而改变。

（1）驴子背着盐过河，倒在水里，盐全化掉了。　　　　　　（×）
（2）驴子背着海绵过河，又不小心摔倒在水里。　　　　　　（×）
（3）河水很深，所以驴子最后淹死在水里。　　　　　　　　（×）
（4）很多人跟驴子一样，只相信经验。　　　　　　　　　　（√）
（5）人们应该随着条件、环境的改变而采取不同的方法。　　（√）

3. 听后选择正确答案

怎么解决堵车的问题

世界上很多大城市都有过严重堵车的情况，我们来看一看它们是怎么解决这一难题的。

纽约市私家车都要停在郊外。到市中心上班的人都是从家里开车到郊区，然后坐公共汽车、地铁或出租车去上班、办事。市中心的很多街上，一般的车辆都不能停放，否则就会被罚款。

在华盛顿，公交车送官员上下班。

巴黎市内公交车最多，私车分单双号进城。

东京的地铁差不多是世界上最发达的，东京人上下班都坐地铁，私车平常都停在自己家里。一是因为乘地铁才能准时上下班，二是公司里只有总经理和董事长才有车位。

(1) 文中提到几个欧洲城市？（A）

    A. 一个   B. 两个   C. 三个   D. 四个

(2) 哪个城市私车不能开进市中心？（A）

    A. 纽约   B. 华盛顿   C. 巴黎   D. 东京

(3) 巴黎是怎么解决堵车问题的？（C）

    A. 私车停在郊外   B. 公交车送官员上下班

    C. 私车分单双号进城   D. 上下班都坐地铁

(4) 东京人用的最多的交通工具是什么？（B）

    A. 公交车   B. 地铁   C. 私家车   D. 出租车

词语总表
Vocabulary

A
| 唉 | 42 |
| 案件 | 41 |

B
八成	41
白酒	43
白天	50
拜访	48
报告	44
抱歉	45
抱怨	45
本事	53
笨	49
比较	52
闭	52
壁	54
表面	55
玻璃	49
脖子	55
不见得	50
不平	53
不像话	45

C
财产	52
藏	51
叉	47
茶馆儿	51
差别	45
产生	50
长寿	44
场地	44
朝向	42
吵架	43
吵闹	43
承认	48
程度	54
吃苦	52
处	42
传奇	53
吹牛	44

D
搭	52
打扮	51
打招呼	49
大量	54
大脑	48
大象	41
大小	45
代	43
代表	52
代替	53
淡	49
挡	43
导演	41
倒	46
到达	44
道理	52
地理	44
地区	45
地位	48
电池	55
顶	51
丢三落四	41
动身	46
豆腐	43
读者	41
队员	44
对话	44

E
| 耳朵 | 41 |

F
繁荣	46
犯	50
方式	46
放弃	49
放松	46

194

肥 ………… 50	滚 ………… 48	减轻 ………… 49
分配 ………… 42	过年 ………… 47	奖 ………… 45
分手 ………… 48		浇 ………… 54
扶 ………… 47	**H**	教授 ………… 44
幅 ………… 49	海绵 ………… 55	教学 ………… 52
斧头 ………… 47	汗 ………… 48	教训 ………… 50
负责 ………… 44	好容易 ………… 46	接待 ………… 46
	禾苗 ………… 54	节省 ………… 55
G	合格 ………… 54	节约 ………… 52
改善 ………… 47	合作 ………… 52	结合 ………… 53
干部 ………… 43	后年 ………… 42	解决 ………… 45
干活 ………… 54	呼吸 ………… 55	近视 ………… 54
高峰 ………… 49	壶 ………… 49	禁止 ………… 47
告别 ………… 46	滑 ………… 48	京剧 ………… 46
歌唱家 ………… 49	坏处 ………… 54	精神 ………… 53
隔壁 ………… 45	还价 ………… 54	井 ………… 49
个人 ………… 51	黄瓜 ………… 54	竞赛 ………… 53
个性 ………… 52	晃 ………… 55	竞争 ………… 55
公共 ………… 42	恢复 ………… 50	敬酒 ………… 50
共同 ………… 51	荤(菜) ………… 43	镜子 ………… 54
估计 ………… 45	婚姻 ………… 51	酒精 ………… 50
鼓掌 ………… 53	活 ………… 44	句子 ………… 42
故乡 ………… 49	活力 ………… 50	距离 ………… 42
故意 ………… 49		
观察 ………… 41	**J**	**K**
观念 ………… 52	基本 ………… 42	开户 ………… 41
观众 ………… 41	及时 ………… 48	科技 ………… 54
管 ………… 45	集中 ………… 53	科学 ………… 43
管理 ………… 44	计算机 ………… 53	肯 ………… 50
广场 ………… 44	嫁 ………… 51	控制 ………… 44
规定 ………… 51	架子 ………… 52	口袋 ………… 43

195

夸 55	明显 47	汽油 51
	亩 54	谦虚 52
L	目的 53	墙壁 54
啦 41		抢 53
来回 43	**N**	亲 55
浪费 44	拿手 43	亲戚 47
浪漫 51	那样 44	亲自 50
老家 47	难受 51	青菜 54
老年 46	脑子 46	轻松 47
老实 46	内 55	情书 48
老太太 46	能力 51	请教 50
礼堂 47	年代 52	庆祝 42
理 54	鸟 42	区别 43
厉害 51	浓 49	取得 44
恋爱 43		
列 51	**O**	**R**
列车 46	哦 47	绕 49
铃铛 53		惹 46
驴子 55	**P**	热烈 52
……率 51	拍摄 53	热线 41
落后 45	碰 50	忍 52
	疲劳 49	
M	骗 42	**S**
马大哈 47	飘 50	塞 48
馒头 54	品质 51	杀 53
矛盾 52	平安 47	上当 47
没戏 48	平等 48	少数 45
眯 54	瓶子 42	舍不得 42
面前 46	葡萄 42	身份 41
民族 45		身份证 41
名不虚传 44	**Q**	神秘 50
明白 42	气象 44	神仙 43

升 …………… 51	损失 …………… 47	尾气 …………… 55
生词 …………… 49		胃 …………… 41
生命 …………… 53	**T**	文明 …………… 50
失败 …………… 52	太极拳 …………… 44	文学 …………… 44
失恋 …………… 51	讨好 …………… 48	问候 …………… 46
失望 …………… 41	讨论 …………… 43	握手 …………… 46
师父 …………… 53	特殊 …………… 55	污染 …………… 55
什么样 …………… 42	题目 …………… 43	无所谓 …………… 42
实现 …………… 51	田 …………… 54	武术 …………… 44
食品 …………… 54	厅 …………… 42	捂 …………… 53
使劲 …………… 45	同样 …………… 46	舞会 …………… 51
世纪 …………… 52	同志 …………… 55	雾 …………… 55
事故 …………… 47	统计 …………… 55	
适当 …………… 55	痛快 …………… 53	**X**
室 …………… 42	偷偷 …………… 53	吸 …………… 55
收获 …………… 53	头 …………… 41	吸收 …………… 50
手绢 …………… 43	推迟 …………… 45	吸引 …………… 49
手指 …………… 48	托 …………… 50	稀饭 …………… 41
书法 …………… 42	脱 …………… 48	细 …………… 48
数量 …………… 45		细心 …………… 47
数字 …………… 49	**W**	下降 …………… 44
帅 …………… 43	哇 …………… 45	咸 …………… 43
双 …………… 55	歪 …………… 54	显得 …………… 49
税 …………… 45	完全 …………… 42	显著 …………… 46
顺便 …………… 54	完整 …………… 43	现象 …………… 49
顺心 …………… 52	晚辈 …………… 47	乡下 …………… 47
顺序 …………… 45	晚餐 …………… 45	相貌 …………… 51
说明 …………… 50	危险 …………… 48	项 …………… 47
私人 …………… 49	围 …………… 48	削 …………… 54
素（菜）…………… 43	卫生 …………… 54	消化 …………… 50
速度 …………… 47	未来 …………… 50	小朋友 …………… 54

小气 …………… 47	音乐会 ………… 49	真正 …………… 46
小组 …………… 44	勇敢 …………… 53	正常 …………… 48
心疼 …………… 48	用处 …………… 41	证明 …………… 41
信用卡 ………… 41	优点 …………… 52	政策 …………… 51
兄弟 …………… 43	幽默 …………… 52	之间 …………… 48
休闲 …………… 46	油 ……………… 49	支持 …………… 50
修理 …………… 42	游览 …………… 45	治 ……………… 50
学费 …………… 45	友好 …………… 53	中心 …………… 55
寻找 …………… 47	有的是 ………… 46	重视 …………… 46
迅速 …………… 45	与 ……………… 48	周到 …………… 41
	羽绒服 ………… 45	皱 ……………… 48
Y	远近 …………… 42	主持 …………… 41
压 ……………… 55	运动会 ………… 44	主持人 ………… 41
呀 ……………… 44	运气 …………… 55	主人 …………… 46
淹 ……………… 55		主要 …………… 43
严格 …………… 54	**Z**	祝贺 …………… 47
研究 …………… 48	早晨 …………… 44	祝愿 …………… 45
演出 …………… 49	怎样 …………… 41	专家 …………… 52
样 ……………… 42	摘 ……………… 53	状况 …………… 51
摇晃 …………… 44	涨 ……………… 42	子孙 …………… 43
遥远 …………… 46	掌握 …………… 55	自然 …………… 52
咬 ……………… 54	招待 …………… 50	遵守 …………… 55
要紧 …………… 54	照常 …………… 53	作家 …………… 44
页 ……………… 50	（……）者 …… 52	做法 …………… 43
以内 …………… 55	真理 …………… 55	做梦 …………… 45
因素 …………… 53	真实 …………… 51	

专名 Proper Nouns

A
埃及 49
澳门 53

B
巴黎 55
保加利亚 44
北京西路 47

C
成龙 53

D
东京 55

E
俄罗斯 49

G
广州 52

H
华盛顿 55

J
加拿大 53
捷克斯洛伐克 44

L
李连杰 53
梁 44
林一佳 52
伦敦 41

M
马里 49

N
宁海路 49
纽约 55

O
欧洲 44

S
上帝 42
斯里兰卡 49
苏小杰 52

T
太行山 43

W
王屋山 43

199

X
西藏 45
玄武湖 45

Y
姚明 47
印度 47

愚公 43

Z
张学友 46
智叟 43
中山东路 49
中央电视台 47